PRIX : 50 CENTIMES

LIBRAIRIES DE MICHEL LÉVY FRÈRES
RUE VIVIENNE, 2 BIS ET BOULEVARD DES ITALIENS, 15
A LA LIBRAIRIE NOUVELLE

PRIX : 50 CENTIMES

LES

BLANCHISSEUSES DE FIN

PIÈCE EN CINQ ACTES, MÊLÉE DE COUPLETS

PAR

MM. H. LEFEBVRE ET DUNAN-MOUSSEUX

REPRÉSENTÉE POUR LA PREMIÈRE FOIS, A PARIS, SUR LE THÉATRE DES FOLIES-DRAMATIQUES, LE 14 SEPTEMBRE 1865

DISTRIBUTION DE LA PIÈCE

ANTONIN, peintre en bâtiment.	MM. AURÈLE.	MADAME EDMOND, maîtresse blanchisseuse.	Mmes A. LEGROS.
POLYDOR . . . . . . id.	LÉON GÉRAUD.		
JULIEN . . . . id.	L. DÉPY.	PAQUERETTE, ouvrière repasseuse. . . .	EUGÉNIE WORMS.
GUSTAVE . . . . . . id.	HENRI.	ZIZINE. . . . . id.	DELPHINE.
LÉOPARD, trottin de modiste.	VAVASSEUR.	AIMÉE. . . . . id.	LARCHER.
MAXIME DE NANTES, gandin	CHAUDESAIGUE.	VICTORINE. . . . . . id.	J. GUÉRAND.
LE PÈRE BORNICHE, vieux Breton. . . .	G. DÉPY.	IRMA, ex-repasseuse, future femme de Maxime.	NEVEUX.
PHILIPPE GARNIER, sous-officier	GINET.		
EUSÈBE, garçon de cabaret.	BERNAY.	LOLOTTE, nourrice.	HÉLOISE.
FRANTZ, domestique de Maxime.	BLANQUIN.	BLANCHISSEUSES, OUVRIERS PEINTRES.	

ACTE PREMIER

Une vaste boutique de blanchisseuse. — Au fond, une cloison vitrée avec porte au milieu donnant sur la rue. — Deux longues tables à repasser. — Un poêle calorifère garni de fers à repasser. — Tabourets, chaises, seaux, baquets. — Sur des planches adaptées au mur, du linge blanc ; sur des cordes qui traversent la boutique en sens opposés, du linge qui sèche. — Sur un égouttoir du linge mouillé de différentes couleurs. — A droite et à gauche, portes qui conduisent, l'une à une seconde salle à repasser, l'autre à l'appartement de madame Edmond, chez laquelle la scène se passe.

SCÈNE PREMIÈRE

AIMÉE, ZIZINE, VICTORINE, Ouvrières, puis MADAME EDMOND; elles sont toutes à l'ouvrage.

CHŒUR.

Air de *l'Ambassadrice.*

TOUTES *.
Il existe une patronne
Et nous la connaissons bien,

* Victorine, Zizine, Aimée.

Qui, le jour entier maronne,
Toujours à propos de rien ;
A ses pauvres ouvrières
Ell' ne fait que des misères,
Mais sans s' faire de chagrin,
Elles répondent par ce refrain.

TOUTES.
Repassez, repassez.
ZIZINE.
Repassez, repassez.
TOUTES.
Repassez, repassez.
ZIZINE.
Repassez demain.

VICTORINE. Mesdemoiselles, j'ai une confidence à vous faire.

ZIZINE. Voyons.

AIMÉE. Nous t'écoutons.

VICTORINE. J'ai autant de cœur à l'ouvrage que le lendemain de la mi-carême.

AIMÉE. Risque le mot... tu as la flemme.

VICTORINE. Le travail m'embête.

ZIZINE. Et moi donc !

AIMÉE. Moi, j'ai comme une envie de dormir ou d'aller me promener.

ZIZINE. Pourquoi les blanchisseuses sont-elles obligées de travailler? hélas!

TOUTES. Hélas!

MADAME EDMOND, entrant; elle tient ouverte une feuille de papier à lettre écrite *. N'êtes-vous pas dans cette disposition-là toute l'année, mesdemoiselles?... Vous n'avez réellement de goût à l'ouvrage que les jours de fêtes... quand la boutique est fermée.

ZIZINE. Ah! madame, pouvez-vous dire cela.

MADAME EDMOND. Je suis très-mécontente de vous.

TOUTES, avec surprise. Ah!

MADAME EDMOND. Vous devenez de plus en plus paresseuses, en vérité, vous me coulerez, si je n'y mets bon ordre.

AIMÉE, à Zizine, bas. Dans la lessive bouillante.

ZIZINE. Je ne crois cependant pas que nous méritions aucun reproche, madame. Voyez où nous en sommes, sans compter la voiture de linge que j'ai trayée pour madame Tissot, la blanchisseuse de gros de Bougival.

AIMÉE, à part. Bougival! quel paradis!

ZIZINE, de même avec un soupir. A côté de Chatou!... fritures et matelottes... Cabinets de société, de deux couverts... Prix modérés...

AIMÉE, rêveuse. Au fond du jardin... la petite porte verte, à gauche. (Victorine, Aimée et les ouvrières ensemble, avec un gros soupir.) Ah!

MADAME EDMOND. Vous voyez, aussitôt que j'ai le dos tourné, vous ne travaillez plus; vous bavardez, le temps passe, la pratique s'indispose et c'est ma maison qui en souffre. (A Zizine.) C'est demain dimanche, cela n'empêchera pas de faire la journée entière, si la besogne l'exige.

AIMÉE, à part. Pauvre biche!

VICTORINE, de même. Compte là-dessus!

MADAME EDMOND. A moins que vous n'ayez tout fini ce soir, avant votre départ.

TOUTES. Oh! nous allons nous dépêcher, ma petite patronne.

MADAME EDMOND. Et le jupon de mademoiselle Laperche, elle l'avait demandé pour trois heures, est-il prêt?

ZIZINE. Madame, on vient de le finir; et tenez, voilà Joséphine qui le porte (Une ouvrière, venant de gauche, paraît portant un immense jupon empesé au bout d'un bâton et sort par le fond.)

MADAME EDMOND, appelant. Zizine, voici une affiche que j'ai rédigée, il faut l'appliquer sur la devanture de la boutique, avec deux pains à cacheter.

ZIZINE. Bien, madame. (Lisant.) «On demande sur-le-champ, deux laveuses. »

MADAME EDMOND. S'il en vient s'offrir, je vous autorise à traiter avec elles, pourvu qu'elles entrent en fonction immédiatement, vous connaissez mes conditions...

ZIZINE. Cinquante sous... de sept en six...

MADAME EDMOND. Elles sont si rares aujourd'hui que je n'hésiterais pas, s'il le fallait, à leur donner quelque chose de plus.

ZIZINE. Bien, madame.

MADAME EDMOND. Je sors; je vous en prie, du zèle, de l'activité, de la chaleur.

TOUTES. Oui, madame, oui, madame.

MADAME EDMOND. Ah! j'oubliais. (Elle redescend le théâtre.) Il m'est revenu que vous scandalisez mes voisins, mesdemoiselles.

TOUTES, surprises. Hein?

MADAME EDMOND. Vous entretenez des relations plus ou moins télégraphiques, quoiqu'innocentes, j'aime à le croire, avec les peintres d'en face... et ça fait jaser.

VICTORINE. Ah! et qui ça, qui jase, madame?

MADAME EDMOND. Le boulanger, le charcutier, enfin tout le monde du quartier, et je veux un terme à ces accointances.

AIMÉE, à part. As-tu fini.

MADAME EDMOND, qui continue. Et dans ce but, ce matin, avant votre arrivée, j'ai signifié à tous ces messieurs, que je désirais, que je voulais qu'ils n'entrassent désormais chez moi sous aucun prétexte.

ZIZINE, qui revient de coller l'affiche. Alors, nous ne verrons plus M. Antonin.

AIMÉE. Que va dire Pâquerette?

MADAME EDMOND. Pour ce qui est de M. Antonin, c'est autre chose... il recherche sérieusement mademoiselle Pâquerette en mariage... (Avec amertume.) Ses vues, si elles ne

* Victorine, madame Edmond, Zizine, Aimée.

sont pas absolument intelligentes sont au moins honnêtes, et je ne puis m'y opposer.

ZIZINE. C'est pourtant vrai, qu'ils ont l'intention de s'épouser !

AIMÉE. Et devant l'écharpe tricolore, encore... (Elles se remettent au travail.)

MADAME EDMOND, à elle-même. Singulier goût... pour un garçon qui a de l'esprit et des attraits... Un jeune homme rempli d'avenir dans la peinture... du bâtiment, s'emmo[u]racher d'une petite blanchisseuse, qui est jeune et gentille, c'est vrai, mais qui n'est bonne à rien, qu'à porter le linge en ville, ce qui ne l'empêche pas d'avoir une existence toute enveloppée de mystères... Dieu que les hommes sont bêtes! Si celui-ci voulait regarder au bout de son nez, il apercevrait tout de suite une femme sérieuse, arrivée au bon âge, qui ne demanderait pas mieux que de le chérir. Mais... il a la berlue, il fera une boulette en épousant Pâquerette, et ce sera bien fait. (Après une pose, et soupirant, aux ouvrières.) Ainsi, c'est bien entendu, n'est-ce pas, mesdemoiselles, de l'activité, du zèle et de la chaleur... pendant mon absence...

TOUTES. Oui, madame, oui.

MADAME EDMOND.

ENSEMBLE.

Ainsi, songez-y, n'allez pas lambiner,
Car l'ouvrage nous presse;
S'il n'est pas fini, songez à ma promesse,
On n'ira pas s' promener.

TOUTES.

Dir' qu'il faut toujours l'entendre marouner,
Qu'ell' scie qu'un' tell' maîtresse;
Laiss'-nous donc tranquill's et malgré ta promesse
On ira se promener.

SCÈNE II

Les Mêmes, moins MADAME EDMOND *.

TOUTES. Enfin !

ZIZINE. La voilà partie!

AIMÉE, fredonnant

Tu t'en vas et tu nous quittes.

TOUTES, de même.

Tu nous quittes et tu t'en vas.

VICTORINE. En voilà une de patronne qui m'excite le système.

AIMÉE. Elle m'a glissé du vif-argent dans les veines... Pristi!...

ZIZINE. Savez-vous où elle va?

TOUTES. Non.

ZIZINE. Se faire tirer les cartes, pour savoir si elle aura bientôt enfin la chance de dénicher un mari.

AIMÉE. Et combien offre-t-elle d'indemnité?

VICTORINE. A cet âge-là, songer encore à l'amour!...

ZIZINE. En voilà une sur laquelle mes outils n'ont plus rien à faire... est-elle assez fripée !

AIMÉE. Elle est comme un crin de s'apercevoir que ce n'est décidément pas pour elle que le four chauffe.

VICTORINE. Pardieu! puisque c'est pour Pâquerette.

AIMÉE. C'est pour cela qu'elle lui en veut tant.

ZIZINE. Il est vrai que Pâquerette s'en moque, comme un Turc d'une guigne.

VICTORINE. Et puis, entre nous, je crois qu'elle se moque un peu de tout, Pâquerette?

AIMÉE. Même de M. Antonin !

ZIZINE. Ce n'est pas impossible... il y a comme du louche dans sa conduite.

AIR : *Quand les oiseaux du voisinage.*

Elle fait bien sa mijaurée,
Malgré son air tranquille et doux,
J' la vois souvent préoccupée.
Certainement y a quéqu' chos' là d'sous.

AIMÉE.

Cependant on la dit fort sage.

VICTORINE.

Elle aurait donc un amoureux.

ZIZINE.

Et p'têtr' bien deux.

AIMÉE.

Allons donc, tu t' trompes, je gage,
Ell' n' peut ainsi cacher son jeu.

ZIZINE.

Quoiqu' j'ai l'habitude du r'passage
J' n'en mettrais pas ma main au feu.

* Aimée, Zizine, Victorine.

AIMÉE. Le fait est que c'est une petite cachotière.

VICTORINE. Après ça, voyez-vous, les apparences, c'est comme les hommes... peu ou beaucoup, ça trompe toujours (Ici on aperçoit Julien et Polydor qui, au dehors, lisent l'affiche apposée sur les carreaux.)

AIMÉE. Mesdemoiselles... mesdemoiselles...

TOUTES. Qu'y a-t-il ?

AIMÉE. Sans en avoir l'air, regardez MM. Polydor et Julien, qui lisent l'affiche de madame. (Polydor et Julien se retirent.) Pauvres jeunes gens, comme ils ont l'air chagrin de ne plus pouvoir entrer ici.

VICTORINE. Ça fend le cœur...

AIMÉE. Et dire que c'est pour la morale tout ça !... Mais si c'est mal aux demoiselles de se plaire en compagnie des garçons, il était inutile qu'il y en ait, des garçons.

VICTORINE. Mon Dieu, oui. Il fallait ne composer le monde que de demoiselles.

ZIZINE. C'est ça qui n'aurait pas fait notre affaire.

SCÈNE III

LES MÊMES, IRMA et MAXIME*.

(Tous deux ont des toilettes d'un luxe extravagant.)

IRMA, sur le seuil de la porte. Bonjour, mes jolies esclaves.

TOUTES. Irma !...

IRMA. Moi-même... (Elle les embrasse toutes.) Vous allez bien ? puisque vous êtes fraîches comme la rosée. Mais où est donc Pâquerette ? je ne la vois pas.

AIMÉE, donnant une chaise à Irma **. Elle fait ses courses, aujourd'hui samedi.

IRMA. C'est juste, la coureuse de la maison... elle va bien ?

ZIZINE. C'est un vrai printemps... mais toi, sais-tu que tu es encore embellie, depuis que tu as quitté le fer à repasser.

MAXIME, la tête de sa canne dans sa bouche. N'est-ce pas, chère madame, c'est ce que... sur ma parole, j'affirmais tout à l'heure à madame d'Avranches.

ZIZINE, qui cherche. Madame d'Avranches !...

IRMA. Ne cherchez pas, d'Avranches, c'est moi.

TOUTES. Toi ?

IRMA. Mon Dieu, oui. (Elle tend sa carte.) Lisez plutôt... « Irma d'Avranches »... rien que cela !...

AIMÉE. Quel chic !

IRMA. Que voulez-vous, il faut bien suivre son siècle... et puis cela coûte si peu... C'est l'affaire d'un cent de cartes bristol.

ZIZINE. Alors, tu es grande dame, maintenant.

IRMA. Jugez-en, j'ai une femme de chambre, je raisonne du turf, je discute l'emprunt mexicain, et j'ai ma loge aux Italiens, où je bâille souvent comme une carpe.

VICTORINE. Mais qu'as-tu donc fait pour avoir tant de bonheur ?

ZIZINE. Tu t'es mariée, peut-être ?

IRMA, froidement. Non, pas encore.

AIMÉE. Donne-nous bien vite ta recette, nous nous en servirons.

IRMA. Rien n'est plus simple... (Montrant Maxime qui se tient au premier plan.) le tout est de trouver un monsieur comme celui-ci...

TOUTES. Monsieur !...

IRMA. Il n'est pas joli, joli, il mange ses têtes de canne du matin au soir, c'est le type accompli du gandin, mais c'est un honnête garçon ; son cœur est plus riche que lui, son esprit l'est... un peu moins ; mais je l'aime comme il est, et je n'ai pas à m'en plaindre.

VICTORINE. Je comprends.

IRMA, se levant **. Tu ne comprends rien du tout... voici la clef du rébus, elle n'ouvre aucune histoire équivoque, tant s'en faut.

AIMÉE, qui a replacé la chaise à gauche. Nous t'écoutons.

IRMA. Je commence. (A Maxime.) Cher ami, si vous continuez à téter ainsi votre tête de canne, vous l'avalerez sans vous en apercevoir.

TOUTES. Ah ! ah !

MAXIME, à part. Elle est adorable... ma parole d'honneur.

IRMA. C'est qu'il en a déjà avalé deux, comme cela...

MAXIME, souriant. Ayez pitié de moi... (Irma lui tend la main, Maxime la baise et remonte en examinant tout dans la boutique.)

IRMA. Il a un caractère de mouton ; je le plaisante... ici, je puis lâcher le mot... je le blague, jamais il ne se fâche ; il fait tout ce que je veux. Ce matin, quand il est venu, je lui ai dit : Emmenez-moi voir mes anciennes camarades d'ate-

lier, que je les embrasse, que je leur serre la main, il a fait atteler... et, sur-le-champ, nous sommes partis, et nous voilà... notre voiture est ici, à dix pas.

ZIZINE. Tu sais que nous attendons l'histoire ?

IRMA. C'est juste... M'y voici : Il y a aujourd'hui trois mois que nous nous sommes trouvées ensemble, eh bien ! c'est pendant ce laps, que j'ai été rencontrée par M. Maxime de Nantes *... (Maxime vient au milieu.) Que j'ai l'honneur de vous présenter... (Maxime salue et remonte.) Il m'a dit mille fois pour une qu'il m'admirait et qu'il m'adorait ; sa persévérance à me le dire et à me l'écrire, son respect, sa réserve, je dirai même sa candeur constante et ses égards pour moi, m'ont convaincu de son amour. Alors...

TOUTES, empressées. Alors ?...

IRMA. Alors, il m'a demandé ma main... parce que j'ai fait en sorte qu'il en arrive là, et nous attendons...

TOUTES. Quoi donc ?

IRMA. Nous attendons que M. Maxime de Nantes, mon futur mari, orphelin, déjà fort riche, soit tout à fait libre de sa personne et de son nom, pour m'en donner la moitié.

ZIZINE. Cependant, si ce monsieur est orphelin ?...

IRMA. A un arrière-petit-cousin près, un vieux bonhomme qui ne laissera son million à Maxime que s'il ne lui manifeste aucune velléité matrimoniale.

AIMÉE. Et alors, jusqu'au mariage, c'est-à-dire jusqu'après la mort du vieux, tu fais ton apprentissage de grande dame?

ZIZINE. Aux frais de M. Maxime.

IRMA. J'apprends à être distinguée, j'étudie le monde. Je touche du piano, je lis les romans de George Sand, je brode, je me pavane sur des moquettes, je me dorlotte sur des édredons, enfin, je suis encore plus paresseuse qu'avant de vous quitter... et c'est Maxime qui l'exige.

AIMÉE. Et qui régale. (A part.) Tu es donc bien certaine qu'il t'épousera?

IRMA. Que tu es bête ! Puisque je lui refuse tout ce qu'il me demande... c'est infaillible... la vertu trouve toujours sa récompense, ma chère !

ZIZINE. Mais ton nom de d'Avranches, à quoi bon ?

IRMA. Eh bien ! Avranches !... c'est la Normandie qui m'a donné le jour. Je me suis servie de mon pays natal pour me faire un blason. (A Maxime qui redescend **.) Votre canne, cher ami, votre canne... vous me faites des frayeurs !...

ZIZINE. Mais quand tu épouseras monsieur, tu quitteras ce nom-là.

MAXIME. Pour prendre le mien, parfaitement, chère madame.

IRMA. Maintenant que vous savez tout mon roman, nous partons... dites à Pâquerette que je suis venue pour la voir, que je ne l'ai pas oubliée, que je l'aime toujours autant, et que si elle a besoin de monsieur ou de moi, nos cœurs sont à elle... (A Maxime.) Vous ne connaissez pas Pâquerette, cher, c'est un petit diable, fait comme un ange, une grande âme dans un petit corps, composé de charmes et de grâces séduisantes... Elle est bien certainement parente des fées de Perrault, je vous la ferai connaître... Votre bras, je vous prie. (Aux autres.) Au revoir.

SCÈNE IV

LES MÊMES, LÉOPARD ***.

(Léopard, en livrée de trottin de modiste, porte une boîte de bois, ronde, sur laquelle on lit : « Maison Folichard, modes.)

LÉOPARD, entrant, il aperçoit Irma. Ciel! elle! (Il laisse tomber sa boîte.)

IRMA, bas à Aimée. N'est-ce pas cet imbécile de Léopard?...

AIMÉE, de même. Oui...

ZIZINE, à Léopard. Qu'y a-t-il pour votre service ?

LÉOPARD, troublé. Enfin, je la retrouve ! (A Zizine.) Voici un faux-col. (A part.) Elle est ravissante, mais... (A Zizine.) Il lui faudrait un peu plus d'empois.

IRMA. Il a toujours une bonne figure. (Elle s'éloigne en riant.)

LÉOPARD. Elle fuit... (Il court se placer devant la porte du fond et se découvre.) Un mot, madame, je vous prie ?...

IRMA, étonnée. A moi, monsieur?

LÉOPARD. Si ce n'est pas sympathie, que ce soit au moins par pitié.

MAXIME, dédaigneux. Hein !... qu'est-ce que c'est ?...

IRMA. Rien !... un imbécile qui m'idolâtrait... quand j'étais repasseuse ici... (A Léopard.) Que me voulez-vous ?

LÉOPARD, avec enthousiasme. O merci... (A Zizine.) Tenez-le moi prêt pour cinq heures, je dîne à la cour... (Toutes les ouvrières éclatent.)

---

* Maxime, Aimée, Irma, Zizine, Victorine.
** Maxime, Irma assise, Aimée, Zizine, Victorine.
*** Maxime, Aimée, Irma, Zizine, Victorine.

* Aimée, Irma, Maxime, Zizine, Victorine.
** Aimée, Irma, Maxime, Zizine, Victorine.
*** Maxime, Irma, Léopard, Zizine, Aimée, Victorine.

ZIZINE. Hein !

LÉOPARD. A la cour... des Fontaines, chez un pays.

TOUTES. Ah! ah! ah!

MAXIME. Mais ce garçon est idiot...

LÉOPARD, à Irma. Madame me remet-elle, ou m'a-t-elle oublié?

IRMA. Si je vous remets... l'homme le plus grêlé de France...

AIMÉE. Je crois bien, avec ses deux joues, on pourrait faire des gaufres...

LÉOPARD. Madame se souvient-elle de mes souffrances pour elle?... (A Maxime.) Car je l'ai tant aimée, monsieur, que j'en ai fait une maladie; j'étais devenu crétin... monsieur.

IRMA, à part. Et çà lui est resté. (Haut.) Oui, je me souviens de vous, de vos soupirs de bœuf et des protestations burlesques dont vous m'accabliez... Bonjour, mon pauvre Léopard. (Elle lui tend la main.)

LÉOPARD, qui l'a saisie. Sa main... elle me donne sa main !... espérance !... espérance !...

IRMA. Voyons, que me voulez-vous ?

LÉOPARD. Ce que je veux ? Mais c'est vous que je veux !...

MAXIME *. Allons, maraud, c'est assez... Vous avez suffisamment fait rire madame d'Avranches, retirez-vous.

LÉOPARD, stupéfait. Fait rire... madame d'Avranches...

VICTORINE. Chut... c'est son mari.

LÉOPARD. Elle est mariée !...ô mon Dieu, que tu me fais de mal!...

IRMA, en sortant. Ah! ah! ah ! Il n'a pas changé.

MAXIME, qui salue. Mesdames.

LÉOPARD, à l'avant-scène de gauche. Quelle belle fille !

ENSEMBLE.

LÉOPARD.

Quand je lui donne ma foi,
Quand j' lui parle de ma peine,
Je crois qu'ell' se fich' de moi...
Ell' n'en a pas l'étrenne.

LES AUTRES.

Quand il lui parle de sa foi,
De son amour et de sa peine,
Ell' se fich' de lui, je le voi...
Ell' n'en a pas l'étrenne.

SCÈNE V

LES MÊMES, moins IRMA et MAXIME.

(Toutes les ouvrières sortent sur le seuil de la porte pour contempler Irma qui s'éloigne donnant le bras à Maxime.)

LÉOPARD, à l'avant-scène. Quelle toilette elle a! quel luxe insolent! ses oreilles sont en pierres fines... Elle se mouche dans de la dentelle ; elle dissimule ses attraits naturels sous des flots de soie, il ne lui manque absolument qu'un manteau de pourpre et un diadème. Car enfin, c'est une reine... être blanchisseuse et devenir reine!... O destinée!... tandis que moi, je suis toujours trottin! vil trottin ! Je l'aime ! je suis... *un ver de terre amoureux d'une étoile...* comme disait un appelé Ruy-Blas... un confrère à moi, qui servait chez une reine dont il s'est toqué. Hélas ! tel est notre lot, ici-bas, le lot de l'obscur prolétaire. M'a-t-elle regardé avec assez d'ironie... cette Irma... Qui sait?... peut-être un jour se fera-t-elle coiffer chez madame Folichard, ma patronne, ce sera moi qui lui porterai ses chapeaux... Alors, elle me donnera deux sous pour boire.

ZIZINE, qui redescend la scène, toutes les ouvrières vont se replacer **. Vous ne pourrez pas avoir votre faux-col aujourd'hui, monsieur Léopard, il y a de l'ouvrage plus pressé, et puis...

LÉOPARD. Et puis quoi?

ZIZINE. C'est sans doute votre grande passion pour Irma qui vous a troublé, mais vous n'avez pas encore acquitté votre note de l'avant-dernier mois.

LÉOPARD. Tiens... c'est vrai... ce que c'est que le tracas du cœur, on oublie tout.

ZIZINE. Et madame m'a recommandé de vous réclamer les neuf francs que vous lui devez... sinon, tout le linge qui est à vous ici, restera en gage.

LÉOPARD. Zizine, vous ne ferez pas ça... tu ne feras pas ça, Zizine.

ZIZINE. Hein!... vous me tutoyez...

LÉOPARD. Oui, je te tutoie... mais je vous respecte...

ZIZINE, désarmée. Pauvre garçon! il est fêlé... il inspire tout de même quelque chose.

LÉOPARD. Si madame Edmond ne veut pas m'accorder du temps, toi, tu m'en accorderas, tu es jeune... tu es irréflé-

chie comme moi, comme tous les beaux, comme tous les jeunes enfin. Voyons, dis-moi... ô Zizine ! providence des trottins, que tu me feras encore l'œil cette semaine, et il te tombera de la manne pendant toute ta vie.

ZIZINE. Est-il bête, cet imbécile-là... Allons, c'est dit, vous aurez votre linge et votre faux-col ce soir.

LÉOPARD. A l'œil ?

ZIZINE. A l'œil. Je recevrai un suif, mais je m'en fiche.

LÉOPARD. Et puis, croyez-moi, Zizine, ce suif-là vous sera compté là-haut. (Il montre le ciel.)

AIMÉE, qui a entendu la conversation *. Ah çà! comment se fait-il, monsieur Léopard, que vous ne payez pas régulièrement votre blanchisseuse ?

VICTORINE. Il a des vices cachés.

ZIZINE. C'est peut-être un avare.

LÉOPARD. Hélas! mesdemoiselles, c'est que le sort m'est contraire, voilà tout... Figurez-vous que je suis nourri, couché, habillé aux frais d'un magasin de modes ; je frotte, j'astique, je fais la chambre et les bottines de madame; j'achète le déjeuner de ces demoiselles, sur lequel je fais mon petit beurre ; je moissonne, je glane, par ci par là quelques pourboires ; enfin, je travaille comme un nègre ; mais je ne suis pas blanchi, et pour cette galère, je ne palpe que vingt-cinq francs par mois. Eh bien! je vous demande, quand j'ai pris mon moka, mon bock, fumé mon trabucos deux fois par jour, quand je me suis payé M. Mélingue, quand j'ai entendu chanter M. *Mantaugris*, quand j'ai acheté régulièrement le *Figaro*, et que les dimanches j'ai dîné l'été à Madrid et l'hiver aux Frères Provençaux, croyez-vous qu'il me reste grand'chose sur mes appointements **.

TOUTES. Ah! ah! ah!

AIMÉE. Et l'entretien de vos écuries, que vous ne comptez pas.

VICTORINE. Et votre danseuse d'opéra que vous oubliez.

ZIZINE. Il a un aplomb!

LÉOPARD, à part. Vous riez, vous ne coupez pas dans mon histoire, vous avez raison. Je vous abuse... c'est la vérité qu'il vous faut, n'est-ce pas ?

TOUTES. Mais oui, sans doute.

LÉOPARD. Soit! Figurez-vous que j'ai une marotte, un dada, comme on dit ; je dépense tout ce que je gagne à me payer des billets de loterie à cinq sous, cent mille francs pour vingt-cinq centimes ; je fais ce manège-là, depuis deux ans, je ne gagne jamais, mais je persévère, parce qu'un jour viendra où je gagnerai, et ce sera le gros lot ; alors, je pourrai satisfaire mes goûts. Oh! avec cent mille francs, que je ferais des choses... D'abord, j'enverrai la livrée à la balançoire.

AIR *de Petit enfant.*

J'aurais d'abord un hôtel magnifique
Et des chevaux, tous comme Gladiateur,
J'achèterais de l'emprunt du Mexique.
De tout's les femmes je serais le vainqueur.
Je ne boirais jamais que du champagne,
J' prendrais d' l'absinthe pour m' donner d' l'appétit,
Je serais grand... mais pour ça faut que j' gagne,
En attendant restons toujours petit.

TOUTES. Ah ! ah! ah! le pauvre garçon !

SCÈNE VI

LES MÊMES, POLYDOR et JULIEN, habillés en laveuses grotesques ***.

POLYDOR. Bonjour la compagnie.

TOUS, excepté Julien. Bonjour, mesdames.

JULIEN. Marie-Jeanne et moi, Isabelle la Peureuse, nous avons vu sur vos carreaux... que l'on demandait deux laveuses.

POLYDOR. Et nous venons nous offrir.

ZIZINE. Oui, mesdames; mais d'où sortez-vous ?

JULIEN. Du lavoir Saint-Ambroise, duquel nous sommes parties, à cause des hommes.

POLYDOR. Qui nous chippotaient toujours.

JULIEN. Et comme nous n'aimons pas ça...

POLYDOR. Nous avons préféré quitter la place, plutôt que d'être davantage exposées aux dangers de la séduction.

ZIZINE. Vous êtes parentes, dites-vous?

POLYDOR et JULIEN. Oui, mademoiselle.

LÉOPARD. Vous êtes les deux sœurs, peut-être !

JULIEN, forte voix. Oui, jeune homme.

LÉOPARD. Quelles étranges créatures!

* Irma, Maxime, Léopard, Victorine, Aimée, Zizine.
** Victorine, Zizine, Léopard, Aimée.

* Zizine, Victorine, Aimée, Léopard.
** Zizine, Léopard, Victorine, Aimée.
*** Julien, Polydor, Léopard, Zizine, Victorine, Aimée.

POLYDOR. Est-ce que la bourgeoise est là?

ZIZINE. Non, mais elle va rentrer.

JULIEN. Nous allons l'attendre.

LÉOPARD *. Et moi je file! J'ai dans ma boîte un chapeau de mariée qu'il fallait pour ce matin neuf heures, et il en est quatre, je n'arriverai jamais. Pardon, mesdames. (A Zizine.) Tout mon linge pour ce soir, n'est-ce pas?

ZIZINE. C'est convenu.

LÉOPARD, à part. En voilà deux gaillardes pas ordinaires du tout. (Il salue.)

JULIEN, à Polydor. Nous allons être seuls avec elles.

POLYDOR. Chut donc, le trottin est encore là.

LÉOPARD, prêt à sortir. Allons, je file.

AIR de la belle Polonaise.

J' vais courir la pratique,
Dieu! quel chien de métier!
En quittant c'te boutique
Je n' pars pas tout entier;
L' devoir parl', faut que j' l'emboîte.
C'est tannant, parole d'honneur;
Mais si j'emporte ma boîte
Ici je laisse mon cœur;
Grand Dieu! quel affreux destin
Que celui d'un beau trottin,
Que celui d'un beau, d'un trot,
D'un tin,
D'un beau trottin.

TOUS.

Grand Dieu! quel affreux destin, etc.

SCÈNE VII

LES MÊMES, moins LÉOPARD **.

POLYDOR, à Julien. Voilà le moment.

ZIZINE. Madame donne deux francs cinquante centimes.

JULIEN. C'est bien peu.

POLYDOR. A-t-on des douceurs?

JULIEN, qui tient Zizine dans ses bras. Je me contenterai de celle-là.

POLYDOR, embrassant Victorine. Et moi, de celle-ci.

TOUTES, effrayées. Ah! les drôles de femmes!

SCÈNE VIII

LES MÊMES, MADAME EDMOND ***.

MADAME EDMOND, du fond. Quel est ce bruit?

ZIZINE, troublée. Madame, ce sont deux laveuses qui viennent se proposer, et...

POLYDOR, petite voix. Et ces demoiselles nous expliquaient ce qu'il y avait à faire.

MADAME EDMOND. Vous savez bien le métier.

POLYDOR. Nous savons au besoin, repasser, plisser et tuyauter à la tringle, au fer, à la paille.

MADAME EDMOND. C'est plus qu'il n'en faut... Alors, vous allez entrer tout de suite en fonctions... voici la cuve et les baquets. A l'ouvrage.

POLYDOR. C'est que...

MADAME EDMOND. C'est que quoi?

JULIEN. Nous avons une habitude, un faible, qui fâchera peut-être madame.

MADAME EDMOND. Expliquez-vous.

POLYDOR. N'y va donc pas par quatre chemins, ma sœur, madame paraît être d'un âge où l'indulgence sied à merveille. Ma petite mère, voici la chose : Nous avons, Isabelle et moi, servi sous les drapeaux de la France comme cantinières.

JULIEN. Et comme bonnes filles.

POLYDOR. Nous avons fait un congé et on n'est pas parfaites; au corps nous nous sommes adonnées à la pipe et au casse-poitrine, de sorte qu'à cette heure nous ne pouvons pas travailler sans en griller une et évanouir une lichette de cognac.

JULIEN, sortant une pipe de sa poche ****. Permettez-moi de vous présenter Clarisse.

POLYDOR. Qu'est-ce que vous dites de cela?

MADAME EDMOND. Des femmes, boire et fumer chez moi, quelle horreur!

JULIEN. Oh! les laveuses sont très-rares, très-demandées, et si cela ne va pas à madame, il n'y a rien de fait.

POLYDOR. Allons-nous en; salut, madame, la compagnie..

MADAME EDMOND, vivement *****. Un moment, je vous prie.

(A part.) Mieux vaut encore en passer par là... (Haut.) J'accepte, vous fumerez, votre... Clarisse, vous boirez votre lichette...

JULIEN. Et c'est madame qui régale.

POLYDOR. Et madame trinquera avec nous.

MADAME EDMOND. J'y consens...mettez-vous donc de suite à l'œuvre. (Pendant que Polydor et Julien se mettent à l'ouvrage, on leur sert l'eau-de-vie, ils allument leur pipe, et à coups de battoirs frappent sur le linge qu'ils lavont à mesure, madame Edmond passe près d'eux, toutes les ouvrières se sont replacées pendant l'installation burlesque de Polydor et de Julien *.)

ZIZINE, occupée à repasser. Dire que ces femmes-là ont été jeunes et jolies.

AIMÉE. Elles ont peut-être tourné des têtes de tambour-major.

ZIZINE. Ce que c'est que de nous.

MADAME EDMOND. Quel monde! Ah! je n'étais pas faite pour blanchir l'humanité. (Elle entre à droite.)

POLYDOR **. Dites donc, mesdemoiselles, ça ne vous gêne pas qu'on chante en travaillant?

ZIZINE. Pas du tout!

POLYDOR, à Julien. En avant le chant du battoir!

LE CHANT DU BATTOIR.

Musique de *M. Lazard.*

(Chanté par Polydor et Julien, refrain par tout le monde.)

Pan, pan, pan.
Du matin au soir
Pan, pan, pan.
Jouons du battoir,
Joyeuses
Laveuses,
Bonnes travailleuses,
Pan, pan, pan,
Du matin au soir,
Pan, pan, pan,
Jouons du battoir,
L' travail en chantant,
Est moins fatigant.

POLYDOR.

Rigoleuse et bonne fille
En travaillant ell' babille
Et toujours de bonne humeur.
Un' blagu' ne lui fait pas peur;
Mais décemment faut qu'on rie,
Et près d'elle quand on s'oublie,
Aussitôt, d'un coup de battoir,
Vous rappelant au devoir,
On l'entend chanter,
Et répéter,
Pan, pan, pan.

JULIEN.

C'est par ses soins et sa peine
Qu'au retour de la fontaine
Vot' linge, — et... c'est bientôt fait,
De ses mains sort blanc et net;
Mais vainement sa science
De blanchir certaine conscience,
Maint' fois voulut essayer;
Ça ne peut pas se nettoyer...
Elle a beau chanter,
Et répéter,
Pan, pan, pan.

ZIZINE, allant à Julien ***. Ah! madame ne vous l'a peut-être pas dit : il ne faut pas passer tout au bleu...

JULIEN, bas, quittant sa pipe. Non, ma Zizine.

ZIZINE, qui l'a reconnu. Ah!

POLYDOR, qui vient de boire. Amour et mystère.

ZIZINE, aux ouvrières à mi-voix ****. Mesdemoiselles...

TOUTES, de même. Quoi?

ZIZINE. Connaissez-vous les véritables noms de nos deux nouvelles laveuses?

TOUTES. Non, non.

ZIZINE. Polydor et Julien!

TOUTES, avec exclamation. Ah!

ZIZINE, qui les attire près d'eux. Voyez-les.

VICTORINE, à Polydor. Que vous êtes laid ainsi!

AIMÉE. Alerte!... alerte!... voici madame. (Toutes les ouvrières retournent à leurs places, les coups de battoir recommencent sur le refrain de la ronde ; madame Edmond entre.)

MADAME EDMOND *****. Est-ce que mademoiselle Pâquerette n'est pas de retour?

ZIZINE. Non, madame, pas encore.

MADAME EDMOND, railleuse. Il faudra décidément que je lui

---

* Julien, Polydor, Léopard, Zizine, Victorine, Aimée.
** Julien, Zizine, Polydor, Victorine.
*** Julien, Polydor, madame Edmond, Zizine, Aimée, Victorine.
**** Polydor, Julien, madame Edmond, Zizine, Aimée, Victorine.
***** Polydor, madame Edmond, Julien, Zizine, Aimée, Victorine.

* Polydor, Julien, madame Edmond, Zizine, Aimée, Victorine.
** Polydor, Julien, Victorine, Zizine, Aimée,
*** Polydor, Zizine, Julien, Victorine, Aimée.
**** Polydor, Julien, Victorine, Zizine, Aimée.
***** Polydor, Julien, Victorine, madame Edmond, Zizine, Aimée

donne un coupé pour faire ses livraisons... A quelle heure est-elle partie ce matin... et quelle heure est-il?

AIMÉE. Quand madame nous donnera un œil-de-bœuf ou un coucou, nous pourrons la renseigner.

MADAME EDMOND. Mesdemoiselles, le calorifère est allumé, passez vite au repassage des robes; on finira ici, ce soir, pendant la paye.

TOUTES. Bien, madame.

MADAME EDMOND, à Julien et Polydor. Et vous, allez rincer dans la cour. Ces demoiselles vous indiqueront le chemin de la pompe.

POLYDOR et JULIEN, fortes voix. Avec plaisir, patronne. (Julien et Polydor sortent à gauche avec quelques ouvrières emportant le linge repassé, Victorine, Zizine et Aimée sortent à droite.)

ENSEMBLE.

Pan, pan, pan,
Du matin au soir,
Pan, pan, pan,
Jouons du battoir,
Joyeuses
Laveuses,
Bonnes travailleuses,
L' travail en chantant,
Est moins fatigant.

SCÈNE IX

MADAME EDMOND, puis PAQUERETTE.

MADAME EDMOND. Je crois que mademoiselle Pâquerette veut se fâcher avec moi ; plus j'use d'indulgence envers elle, et plus elle en abuse. Cette petite péronnelle a tourné la tête de ce pauvre Antonin... mais j'y mettrai bon ordre... et si ce jeune homme est raisonnable, il guérira de sa sotte inclination, alors peut-être... Mon Dieu, je sais bien que les mauvaises langues s'en donnent... On me plaisante de vouloir prendre un second mari... A son âge, disent-ils... mais à mon âge on n'a pas encore renoncé à toute affection... (Entre Pâquerette.)

PAQUERETTE, entrant, deux paniers vides sous les bras *. Ouf... c'est moi !

MADAME EDMOND. Vous avez dû bien vous presser, car vous semblez essoufflée.

PAQUERETTE. Je crois bien, je ne suis pas plutôt dehors, que tout de suite je suis abordée par une ribambelle de jocrisses de tous les airs et de tous les régimes qui me glissent un tas de bêtises aux oreilles, que la plupart du temps, je suis tentée de leur flanquer une bonne paire de claques, v'li, v'lan ; mais j'aurais trop à faire, et je préfère me sauver sans répondre, avec cela, ils y en a de laids comme des chenilles... Oh! les hommes qui parlent aux femmes dans les rues, est-ce osé ! est-ce niais... est-ce bête, tenez, madame Edmond, c'est bien gentil un homme, mais il faut que ce soit joliment élevé, joliment poli, joliment honnête... Sans cela, Dieu de Dieu, que c'est désagréable !

MADAME EDMOND. Je ne sais pas comment cela vous arrive si souvent, jamais on ne me parle, à moi.

PAQUERETTE, à part. Je comprends cela.

MADAME EDMOND. Il y a de certaines femmes auxquelles les hommes s'adressent plus volontiers qu'aux autres.

PAQUERETTE. Il y en a d'autres aussi auxquelles ils ne s'adressent pas du tout...

MADAME EDMOND, piquée **. Soit, brisons là, il faut vous prendre comme vous êtes.

PAQUERETTE. Ou me renvoyer... Oh! je ne suis pas tenace... moi, et si je ne fais plus votre affaire, je vous en prie, ne vous gênez pas, dites-le-moi tout de suite, et en deux temps je m'envole.

MADAME EDMOND, changeant de conversation. Vous avez toujours raison... Vous avez livré partout?

PAQUERETTE. Oui, madame, voici mes comptes, ils sont exacts, voici cinquante-deux francs, tout le monde a payé cette semaine... (Elle remet des petits livres et de l'argent à madame Edmond ***.) Et maintenant, permettez-moi de m'asseoir. (Après une pause.) Savez-vous si M. Antonin est venu me voir aujourd'hui ?

MADAME EDMOND. Je ne l'ai pas aperçu. Vos comptes sont justes, je vais encaisser... Aussitôt que vous le pourrez, vous irez aider ces demoiselles, elles sont au repassage des robes. (Elle sort.)

* Pâquerette, madame Edmond.
** Madame Edmond, Pâquerette.
*** Pâquerette, madame Edmond.

SCÈNE X

PAQUERETTE, seule. Elle est vexée, c'est bien fait. Pourquoi a-t-elle toujours l'air de vouloir me mordre quand elle me parle. Après ça, elle m'en veut sans doute parce qu'elle avait cru que M. Antonin venait ici pour elle; cependant je n'ai rien fait pour attirer son attention, et je crois que s'il me préfère, c'est parce qu'il a bon goût... (Avec coquetterie.) On n'est pas chipie, pas coquette, mais on est gentille et on sait ce que l'on vaut... J'ai bien autre chose à penser... Et mon bébé, mon Léon, mon amour, mon orgueil... C'est égal, je suis inquiète, pas de nouvelles de la nourrice... Rien, pas un mot, pas une lettre... A propos, le facteur vient de m'en remettre une... Elle est chargée, m'a-t-il dit, et il m'a fait signer sur un petit livre; tiens, cela vient. (regardant le timbre.) de Bretagne, (lisant.) de Quimperlé, c'est donc de mon oncle Borniche. (Elle décachète et pose l'enveloppe sur une des tables, lisant.) « Mademoiselle Pâquerette, votre oncle, M. Borniche, vous adresse ces mille francs. » (Elle retourne la feuille.) Hein, un billet de banque de mille francs. (Elle continue de lire.) « Disposez-en pour vos menus plaisirs... Il vous prie de ne pas vous gêner, après ces mille francs, mille autres, et ainsi de suite. » (Après avoir lu.) Pas de signature; cependant ce billet a l'air bon ; cette lettre n'est pas de mon oncle, il sait trop le prix de l'argent pour lui donner une telle destination, je ne sais, mais il doit y avoir là-dessous quelque piége; quel intérêt peut avoir celui qui me l'a tendu... je ne me l'explique pas. (Après une pause.) Mille francs... En attendant que je découvre l'auteur de cet envoi, plaçons ce billet en lieu sûr. (Elle glisse le billet dans son corsage, Antonin paraît.)

SCÈNE XI

PAQUERETTE, ANTONIN *.

ANTONIN. Bonjour, mademoiselle Pâquerette.

PAQUERETTE. Arrivez donc, je m'ennuyais de ne pas vous voir

ANTONIN, froidement. Vous êtes bien aimable. (Apercevant l'enveloppe.) Elle a reçu ma lettre.

PAQUERETTE. Ah! que vous êtes sombre. (Câline.) Est-ce qu'il y a de l'orage dans cette vilaine tête-là aujourd'hui? Que s'est-il donc passé... encore...

ANTONIN. Je suis venu deux fois pour vous voir, je ne vous ai pas rencontrée.

PAQUERETTE. Savez-vous d'où cela vient ?

ANTONIN. Je l'ignore.

PAQUERETTE. Je vais vous le dire... (Avec mystère) C'est que je n'y étais pas. (Elle éclate de rire.)

ANTONIN. Remarquez que je ne ris pas... je vous en prie.

PAQUERETTE. Le fait est que vous n'en avez pas l'air.

ANTONIN. Vous êtes cruelle.

PAQUERETTE. Et vous, vous êtes exigeant.

ANTONIN. Mais...

PAQUERETTE. Tyrannique...

ANTONIN. Cependant...

PAQUERETTE. Ridicule enfin.

ANTONIN. Madame Edmond m'avait bien dit que si jamais j'essayais de lire dans l'obscurité de votre existence, je m'exposerais à vos épithètes... et vos malveillances.

PAQUERETTE, changeant de ton. Madame Edmond, dites-vous? Madame Edmond est une méchante femme, et vous... vous êtes un nigaud de l'écouter et de la croire... Quant à ma conduite, elle est pure de toutes taches, mais je ne permets à personne, vous entendez bien, monsieur Antonin, à personne de chercher à la connaître, à la juger, (Avec intention.) à la surprendre.

ANTONIN. Mais je dois vous épouser, et à ce titre...

PAQUERETTE. Vous devez m'épouser... oui! Mais à une condition que vous oubliez trop souvent.

ANTONIN. Laquelle, je vous prie?

PAQUERETTE. A la condition que vous ne contrarierez jamais mes désirs et mes volontés, que vous ne m'interrogerez jamais, et que jamais vous ne douterez de ma loyauté ; je sais que c'est là un ultimatum sévère, mais rien encore n'est fait, et si vous n'avez pas assez de courage, assez de force, pour satisfaire rigoureusement à cette obligation, je suis toute prête à vous rendre votre parole.

ANTONIN, désespéré. Tenez, vous ne m'aimez pas.

PAQUERETTE, à part. L'ingrat.

ANTONIN. Vous ne m'avez jamais aimé.

PAQUERETTE. Vous êtes fou...

ANTONIN, lui prenant la main. Est-ce bien vous qui parlez ainsi ?

* Pâquerette, Antonin.

PAQUERETTE. Moi-même...

ANTONIN, implorant. Pâquerette.

PAQUERETTE. J'ai des secrets que je ne dois, que je ne puis confier à personne.

ANTONIN, désespéré. Ah! j'en mourrai.

PAQUERETTE, qui l'a observé. Grand enfant... Comment, mais c'est comme une toute petite larme qui s'échappe sur cette joue-là... Voulez-vous bien sécher cela, vilain. (Câline et un peu attendrie.) Je vous pardonne. (Elle essuie les yeux d'Antonin avec son mouchoir.) Puisque je vous aime... je vous aime avec tout mon cœur.

ANTONIN. Ma petite Pâquerette.

PAQUERETTE, qui continue. Ma seule ambition... mon seul rêve, est de devenir bien vite votre femme, pour vous rendre doublement heureux.

ANTONIN. Vous dites vrai?

PAQUERETTE. N'ayez donc plus de soupçons, plus de doutes, plus de vilaines pensées, et dites-vous que si Pâquerette avait d'autres idées que celle qu'elle vient de vous faire connaître, comme elle n'a rien qui l'oblige à mentir, elle ne vous permettrait pas de l'embrasser pour la première fois.

ANTONIN, fou. Comment!...

PAQUERETTE, qui tend la joue. Allons, monsieur.

ANTONIN, il se découvre pour embrasser Pâquerette. Ah! que cela fait de bien.

PAQUERETTE, indiquant son autre joue du doigt *. Et celle-là...

ANTONIN. Quoi, vous voulez.

PAQUERETTE. Allons, monsieur... ne faites pas la petite bouche...

ANTONIN, au comble de la joie. Ah! (Il embrasse Pâquerette.) C'est du délire.

PAQUERETTE. Et maintenant, la paix est faite?

ANTONIN. Une paix éternelle.

PAQUERETTE. À la bonne heure.

ANTONIN. Ah çà! ce n'est pas tout cela... (A part.) En avant l'épreuve. (Haut.) Ma fiancée.

PAQUERETTE. Mon futur mari.

ANTONIN. C'est demain dimanche, le ciel promet de l'azur, en veux-tu, en voilà... Voulez-vous me faire l'honneur... le plaisir d'accepter une partie de campagne pour demain avec votre mari... en herbe.

PAQUERETTE, vivement. Demain.

ANTONIN. Oui, si vous acceptez, j'invite toute la blanchisserie.

PAQUERETTE, embarrassée. C'est que...

ANTONIN. Ah! n'allez pas briser ma joie.

PAQUERETTE, à part. Et moi, qui voulais courir le voir, me laisser trois semaines sans nouvelles, c'est impossible.

ANTONIN. Vous ne me répondez pas.

PAQUERETTE. Mon bon Antonin, j'aurais été moi-même enchantée de passer ma... (Se ravisant.) Ah!... de quel côté se fera-t-elle, votre partie de campagne?...

ANTONIN. Du côté que vous préférerez... J'avais pensé à l'Ile au Loup à Nogent-sur-Marne, mais je n'y tiens pas plus que cela.

PAQUERETTE, après une pause. Nogent... J'accepte. (A part.) De Nogent à Villiers, il n'y a qu'un pas, je pourrai m'échapper et revenir sans que l'on s'en aperçoive. (Haut.) Quelle bonne idée vous avez eue, je me réjouis de votre invitation, je me promets de bien m'amuser... nous pêcherons.

ANTONIN. D'abord...

PAQUERETTE. Après?

ANTONIN. Nous déjeunerons.

PAQUERETTE. Sur l'herbe.

ANTONIN. Et à l'ombre des vieux chênes.

PAQUERETTE. Nous effeuillerons des marguerites.

ANTONIN. Nous cueillerons des violettes.

PAQUERETTE. Nous nous balancerons, on fera un colin-maillard, un corbillon.

ANTONIN. On fera tout ce que vous voudrez, ma petite Pâquerette.

PAQUERETTE. Ah çà!... monsieur le viveur, je fais une réflexion.

ANTONIN. Ah! et peut-on la connaître?

PAQUERETTE. Vous avez donc bien de l'argent, que vous organisez des parties de campagne, dont vous faites seul tous les frais?...

ANTONIN, à part. Allons donc... nous y voilà.

PAQUERETTE. Dites... répondez-moi donc, si vous l'osez?...

ANTONIN. De l'argent... de l'argent, non, je n'en ai pas, mais cela ne fait rien. (A part.) En avant la pierre de touche. (Haut.) Lisette m'en prêtera.

* Antonin, Pâquerette.

PAQUERETTE. Lisette.

ANTONIN. Sans aucun doute, puisque tous ceux de mes amis qui auraient pu m'en prêter, sont aussi gênés que moi-même.

PAQUERETTE. Et qu'est-ce que c'est que mademoiselle Lisette?

ANTONIN. Une bien bonne fille, allez... un cœur d'or, qui m'est attachée par une chaîne...

PAQUERETTE, piquée. Et c'est mademoiselle Lisette qui vous ouvre sa bourse?

ANTONIN. Ce n'est pas la première fois.

PAQUERETTE, plus piquée. J'avoue que je ne saisis pas... une demoiselle qui vous prête de l'argent.

ANTONIN, qui rit. Mais, je le lui rends.

PAQUERETTE. Restons-en là, je vous prie?

ANTONIN, qui éclate de rire. Mademoiselle Pâquerette veut-elle me permettre de lui présenter mademoiselle Lisette. (Il sort sa montre de sa poche.) Cœur d'or, qui tient au mien par une chaîne guillochée, qui m'a coûté deux cents francs au Nègre.

PAQUERETTE, qui rit. Comment c'est votre montre que vous appelez... (Elle la regarde.) Elle est très-jolie... mais pourquoi vous en séparer, pour une partie de plaisir? ne pouvez-vous donc pas attendre des jours meilleurs!...

ANTONIN. Non pas, et puis Lisette a une tante qui la prend en pension, mais qui me la rend quand je la lui réclame.

PAQUERETTE. Allons, vous ne ferez pas cela, je ne le veux pas...

ANTONIN. Une fois n'est pas coutume, d'ailleurs; j'ai convié tout notre atelier, et déjà mes invités sont partis; vous le voyez, il est trop tard maintenant, pour revenir sur mon offre...

PAQUERETTE. Ah! mais, c'est de la folie, du désordre, vous priver de vos bijoux, pour faire... une partie de campagne, comme si cela était indispensable... Savez-vous bien que si nous étions mariés, les choses ne se passeraient pas ainsi... Ah! mais non... (Se reprenant.) Si, encore j'avais quelque argent dont je puisse disposer, mais je suis moi-même sans un sou...

ANTONIN, à part. Comme elle ment!

PAQUERETTE. Voyons, faites-moi bien plaisir, ajournez cette petite fête, attendez un autre dimanche... hein? voulez-vous?...

ANTONIN, un peu colère. Jamais... (Se reprenant.) Vous m'avez promis d'être des nôtres, la circonstance est assez rare, assez précieuse, pour que j'en profite, permettez-moi donc d'insister...

PAQUERETTE, avec un soupir. Allons, je n'insisterai plus; à demain donc, pour dévorer mademoiselle Lisette.

ANTONIN. Elle est avare et elle ment madame Edmond aurait-elle dit vrai.

SCÈNE XII

LES MÊMES, MADAME EDMOND, ZIZINE, VICTORINE, AIMÉE, LES OUVRIÈRES, POLYDOR, et JULIEN **.

AIR : *Entre Paris et Lyon.*

Tout le linge est repassé,
Poum là, poum là, poum là, là,
Tout est ramassé, classé,
Faut fermer la boutique,
S'il vient quelqu'un de pressé,
Tant pis pour la pratique.

REFRAIN.

Jeun's filles voulez-vous danser,
Poum-là, poum-là, poum-là, là,
C'est le moment de nocer.
Faut fermer la boutique.

ANTONIN, gaiement. Mesdames, vous me voyez le plus heureux des hommes.

POLYDOR, à part. Et nous aussi.

AIMÉE. Nous en sommes enchantés.

ANTONIN, à part. C'est égal, j'étouffe. (Haut.) Je viens d'inviter mademoiselle Pâquerette à une partie de campagne, qui aura lieu demain, à Nogent-sur-Marne.

ZIZINE, à Pâquerette. Et tu as accepté.

PAQUERETTE. Pourquoi pas?

ANTONIN, qui continue. En conséquence, j'ai l'honneur de vous inviter toutes, y compris madame Edmond, à partager nos délices champêtres... Inutile de vous dire, n'est-ce pas, que c'est moi qui serait l'amphitryon, et que je me promets de vous traiter ni plus ni moins que princièrement.

* Pâquerette, Antonin.
** Aimée, Victorine, Zizine, Polydor, Julien, Antonin, madame Edmond, Pâquerette.

TOUTES LES OUVRIÈRES, avec joie. Accepté...

AIMÉE. C'est moi qui vas me rouler sur le gazon.

MADAME EDMOND, à Antonin. Est-ce que vos amis, messieurs Polydor et Julien, seront des nôtres.

POLYDOR et JULIEN, qui se décoiffent. Oui, madame, nous aurons cet honneur.

MADAME EDMOND, stupéfaite. Comment?

JULIEN, saluant. Mille grâces à la grâce en personne.

POLYDOR. Tout est lavé. (Montrant sa joue.) Si vous voulez nous payer, v'là la caisse.

ZIZINE, AIMÉE et VICTORINE. Ah! ah! ah! ah!

MADAME EDMOND, froissée *. Vous, chez moi, ah! messieurs, et sous de semblables loques... surtout quand la critique a l'œil sur ma maison... quel scandale!

JULIEN. Allons, voyons, maman, n'exagérez pas les choses. (Il l'embrasse.) Personne au dehors ne s'est aperçu de notre transformation.

POLYDOR. Nous étions assez jolis pour que l'on nous prit pour de vraies femmes, demandez plutôt à ces demoiselles.

MADAME EDMOND, qui le regarde et sourit. Vous êtes horribles.

JULIEN. Elle est désarmée.

TOUTES LES OUVRIÈRES. Vive madame!

SCÈNE XIII
LES MÊMES, LÉOPARD **.

LÉOPARD. Bonjour la compagnie, je viens voir si mon faux-col est prêt.

JULIEN. Il est encore à la broche.

POLYDOR. C'est le diable qui le retourne.

LÉOPARD. Tiens, les laveuses qui sont des hommes.

JULIEN. Et puis...

LÉOPARD, à part. Je m'en étais douté, sans m'en apercevoir.

ANTONIN. Donc... mes enfants, rendez-vous demain à six heures trente minutes à l'embarcadère de Mulhouse, départ pour Nogent! grande vitesse... On est prié de faire provision de gaieté, de franchise et d'entrain... c'est l'amour qui conduira le convoi...

TOUS. Adopté.

LÉOPARD. Qu'entends-je ? vous allez demain à la campagne?

ZIZINE. Oui, nous allons pêcher, danser, folichonner, et enfin nous en donner... est-ce que cela vous gêne?

POLYDOR, à Léopard. Je vous le dis en confidence, nous allons chagriner le goujon.

JULIEN, de même. Et asticoter l'ablette.

LÉOPARD. O!... asticoter l'ablette... mesdemoiselles, m'emmenez-vous... comme asticoteur.

PAQUERETTE ***. Cela vous ferait donc bien plaisir ?

LÉOPARD. Pouvez-vous me le demander.

PAQUERETTE, à Antonin. Il est si bête qu'il m'intéresse.

ZIZINE. Et puis, il n'est pas méchant.

JULIETTE. Il ne faudrait plus que cela.

AIMÉE. Emmenons-le... il portera le melon.

VICTORINE. Il nous balancera.

PAQUERETTE. C'est dit...

ANTONIN. M. Léopard, je vous invite...

LÉOPARD. Vrai... ô bonheur... (Tout le monde remonte.)

PAQUERETTE, qui paraît rêveuse, seule à l'avant-scène de gauche. De qui donc m'est venu ce billet de banque ?

POLYDOR. Cavaliers... le bras aux dames.

JULIEN, montant sur la table à droite. Et par file à droite... en avant...

TOUS. Arche!...

AIR : *Du mirliton.*

Allons que tout s'apprête;
Pour mieux vous recevoir,
Et commander la fête,
Nous partons dès ce soir.
Surtout point de paresseuse,
Et que d'main au point du jour,
Toute la bande joyeuse,
Se mette en route à son tour.

REFRAIN.

Quel déjeuner! quel dîner,
Allons-nous nous en donner;
Allons-nous nous en, nous do, nous nez,
Nous en donner.

* Aimée, Victorine, Zizine, Polydor, madame Edmond, Julien, Antonin, Pâquerette.

** Aimée, Victorine, Zizine, Polydor, Léopard, Julien, Pâquerette, Antonin, madame Edmond.

*** Polydor, Aimée, Victorine, Zizine, Léopard, Pâquerette, Julien, Antonin, madame Edmond,

ACTE DEUXIÈME

Une sorte de jardin de cabaret. Au fond, l'île au Loup avec la perspective du viaduc du chemin de fer. À droite et à gauche, des haies qui séparent la route de ce jardin. Tables, chaises, bancs et charmilles. A gauche, le corps de bâtiment servant à l'exploitation du cabaret. A droite, un grand berceau de verdure sous lequel sont des chaises et une table.

SCÈNE PREMIÈRE
JULIEN, POLYDOR, GUSTAVE, puis EUSÈBE *.

JULIEN. Mes enfants, la journée sera superbe. Il est vrai qu'il n'est encore que sept heures du matin.

POLYDOR. Si vous m'en croyez, il va falloir organiser tout de suite le programme de la fête ; nous avons été délégués hier par notre amphitryon, près de cette auberge, comme maîtres de cérémonie, ayons à cœur de rester dignes de notre mandat.

GUSTAVE. Moi, je suis prêt à faire tout ce que l'on voudra.

JULIEN. Et d'abord, appelons le maître de céans. Oh là! père Trinquefort!...

TOUS TROIS. Pè... pa... Trinquefort?... (Eusèbe paraît.)

POLYDOR **. Dis-moi, nous festoyerons... ici... au milieu de ce jardin... A quelle heure le soleil s'en va-t-il?...

EUSÈBE. Quand il veut, le bourgeois le laisse libre d'y venir à sa volonté et de s'en retourner de même!... n'y a que les jours de grande pluie qu'il ne vient pas.

JULIEN. Depuis quand es-tu au service du père Trinquefort?

EUSÈBE, comptant sur ses doigts. Je va vous dire ça... Mais j'y suis depuis avant-hier... juste...

POLYDOR. Est-ce que c'est de ta faute si les grenouilles n'ont pas de queues?...

EUSÈBE, sérieusement. Non, monsieur.

JULIEN ***. Tu n'as jamais trouvé un de tes semblables plus bête que toi?...

EUSÈBE. Ma foi, non! Il est vrai que je ne l'ai jamais cherché... sans cela peut-être bien que je l'aurais trouvé, encore assez vite.

GUSTAVE. Je ne vois pas ton bourgeois. Où est-il?... Depuis hier soir l'heure de notre arrivée, c'est à peine si nous l'avons aperçu.

EUSÈBE. Faites excuses; mais c'est qu'il a autre chose à faire que de se laisser apercevoir.

TOUS. Hein?...

EUSÈBE. Seulement... d'ici l'arrivée de votre monde... la bourgeoise sera peut-être accouchée... alors vous le reverrez tout votre content...

POLYDOR ****. Comprends bien, animal, que si nous sommes ici... depuis hier... c'est pour veiller à ce que rien ne manque au charme de la nopce que nous avons projetée... c'est pour tout prévoir, tout organiser

EUSÈBE. Dame !

POLYDOR. Va dire au père Trinquefort... qu'il faut absolument qu'il allume ses fourneaux... qu'il aiguise ses grands couteaux, qu'il prépare ses broches... qu'il choisisse ses vins et qu'il nous compose un repas épatant.

EUSÈBE. Quand bien même vous payeriez une omelette trente sous, le bourgeois ne se dérangerait pas pour le moment. (Eusèbe remonte à la table sous le berceau.)

GUSTAVE. Savez-vous que ce ne sera pas agréable si nous n'avons pas de cuisinier?

JULIEN. Ne savons-nous pas où l'on serre le sel, les confitures, le lard, les lapins, les œufs et tout le bataclan?...

POLYDOR. En somme, ce n'est pas difficile à trousser un dîner de campagne.

GUSTAVE, à Eusèbe *****. As-tu beaucoup d'œufs en réserve?...

EUSÈBE. D'œufs?... Ils sont quatre... mais... ne vous inquiétez pas, nous avons des poules... et... dans une heure... il y aura plus d'œufs au poulailler que vous n'avez de cheveux sur votre tête... Eh! eh! eh!...

POLYDOR. Tu as de l'oseille?...

EUSÈBE ******. Oh ça! c'est sûr!... Du reste, il y a de tout... Ah! ils me feraient tourner en bourrique, je vais rince mes bouteilles, j'aime mieux ça : (Il sort à gauche.)

* Gustave, Julien, Polydor.

** Gustave, Eusèbe, Polydor, Julien.

*** Gustave, Eusèbe, Julien, Polydor.

**** Gustave, Eusèbe, Polydor, Julien.

***** Polydor, Julien, Gustave, Eusèbe.

****** Polydor, Eusèbe, Julien, Gustave.

JULIEN *. Ce n'est pas tout cela, mes enfants, il faut voir à nous transformer en gâte-sauce, il n'est que temps. Voyons, par quoi allons-nous commencer?...

POLYDOR. Le fait est que toute la bande arrivera sans doute par le premier convoi...Du reste!...

EUSÈBE, qui rentre **. Messieurs! messieurs! Voilà le train, je l'ai entendu siffler de la cave.

GUSTAVE, remontant au fond à droite. En effet! j'aperçois un nuage de fumée blanche.

POLYDOR, à Eusèbe ***. Allons, vite... vite... essuie les tables, lave tes mains et glisse-toi une fleur dans les cheveux.

EUSÈBE. Une fleur dans les cheveux... (A part.) Sont-ils bêtes tout de même!

JULIEN. Les voilà! je les aperçois!

GUSTAVE, appelant. Prrrrrrt!

VOIX AU DEHORS. Prrrrrrt!

EUSÈBE. Voilà pourtant comme ils se parlent... et ils se comprennent. Quel drôle de monde! (Il sort.)

SCÈNE II

LES MÊMES, AIMÉE, ZIZINE, MADAME EDMOND, VICTORINE, ANTONIN, LÉOPARD, OUVRIERS, OUVRIÈRES ***. tous arrivent du fond à droite.

CHŒUR.

Air nouveau de M. Lazard.

Armés de l'appétit féroce
Que donne toujours le grand air,
Pour nous flanquer une bosse
Nous v'nons par le chemin de fer.

POLYDOR, à Victorine. Vous savez que je souffrais le martyre de ne pas vous voir.

VICTORINE. Avez-vous fini?...

JULIEN, à Zizine. Bonjour, ma Zizine chérie.

ZIZINE. Bonjour, mon joli singe.

GUSTAVE, à Aimée. J'ai découvert... par là-bas, un champ d'herbes et de violettes qui vous attendent... Irons-nous les cueillir ensemble?...

AIMÉE, bas. Voyez-vous ça... Des cerises! (Les femmes passent à gauche.)

LÉOPARD, à madame Edmond, entrant ****. Dites donc, la maman... je ne sais pas... mais je crois que nous allons rire...

MADAME EDMOND, se défendant. Monsieur Léopard, parlez, mais ne me touchez pas.

LÉOPARD. Qu'est-ce que vous voulez?... Vous me faites l'effet d'une tarte aux prunes. Quand je vois une tarte aux prunes, c'est plus fort que moi, faut que j'y touche!

TOUS. Ah! ah! ah!... (Antonin, pendant cette scène, est resté au fond du théâtre; il semble tourmenté et va de droite à gauche, puis il vient à l'avant-scène.)

ANTONIN *****, à Polydor, Julien et Gustave. Bonjour, mes amis. (Il leur serre la main.) Personne de vous ne s'en aperçoit, mais Pâquerette n'est plus avec nous.

TOUS. Tiens! c'est vrai!

MADAME EDMOND. Où peut-elle être encore?... Est-ce qu'elle a aussi des connaissances secrètes à Nogent?...

LÉOPARD, à part *****. Je l'ai vue disparaître... mais motus!

VICTORINE. Elle était cependant avec nous en descendant du wagon.

ZIZINE. Je crois bien, j'avais même son ombrelle et elle me l'a redemandée.

AIMÉE. Elle a peut-être rencontré une cliente de la maison.

MADAME EDMOND, à Antonin. Avez-vous regardé sous l'herbe, une pâquerette, c'est généralement là qu'est son nid.

POLYDOR. Qui sait!... Une jarretière est si vite égarée!...

JULIEN, à Antonin. Elle va revenir! ne vous inquiétez pas!... (Antonin remonte et disparaît à droite.)

LÉOPARD, à part. Comme elle m'a dit : si l'on me demande, ne dites rien, je fais le mort!

POLYDOR. Mes amours, nous avons une communication très-importante à vous faire.

TOUS. Ah !...

* Polydor, Julien, Gustave.
** Polydor, Eusèbe, Julien, Gustave.
*** Eusèbe, Polydor, Julien, Gustave.
**** Julien, Zizine, Polydor, Victorine, Gustave, Aimée.
***** Aimée, Zizine, Victorine, Léopard, madame Edmond, Polydor, Julien, Gustave.
****** Aimée, Zizine, Victorine, Léopard, madame Edmond, Antonin, Polydor, Julien, Gustave.
******* Aimée, Zizine, Victorine, madame Edmond, Antonin, Polydor, Julien, Gustave, Léopard.

TOUTES. Allez-y!

POLYDOR. Madame Trinquefort, la directrice de cette auberge, prépare en ce moment un héritier à M. Trinquefort, son mari, et selon toute probabilité... elle le lui servira cuit à point avant notre départ.

TOUS. Ah!...

POLYDOR. En conséquence, M. Trinquefort s'étant par amour, autant que par devoir, transformé en garde-malade, nous aurons, Julien, Gustave et moi, l'honneur de vous servir un dîner à tout casser, qui sera dû à la collaboration de vos plus chers adorateurs.

LES FEMMES. Bravo !

JULIEN. C'est pourquoi nous allons passer immédiatement à l'office revêtir les insignes de notre nouveau rang.

AIMÉE. Comment... vous nous abandonnez?... (Victorine et Aimée courent à Polydor et à Gustave *.)

POLYDOR. Pour peu de temps... une fois les ratas en route, nous revenons pour ne plus vous quitter.

GUSTAVE. Avant de nous séparer, dites donc, si nous prenions le petit blanc... Qu'en pensez-vous?...

POLYDOR. Le petit blanc!... dans un grand verre!... J'y consens. (Tout le monde remonte au barceau de droite.)

LÉOPARD, à madame Edmond **. Et vous, la maman?... Ça vous va-t-il le petit blanc?...

MADAME EDMOND, à part. Quel rustre!... (Haut.) J'accepterai volontiers, mais avec un peu d'eau. (Elle va au barceau avec Léopard.)

LES FEMMES. Ah bien! non!

JULIEN. Pas d'eau! c'est défendu!

TOUS, excepté madame Edmond. Pas d'eau! pas d'eau!

POLYDOR, à Eusèbe qui paraît ***. Viens ici... Mesdames, je vous présente un naturel de Nogent.

TOUTES, éclatant. Ah!... ah!... ah!... (Aimée, Zizine, et Victorine entourent Eusèbe.)

AIMÉE ****. Comment t'appelle-t-on?...

VICTORINE. As-tu un nom?...

ZIZINE. Parles-tu ?...

EUSÈBE, à part. C'est égal, je ne suis pas bien fûté, comme dit le bourgeois, ça n'empêche pas que je m'arrangerais volontiers de l'une de ces petites Parisiennes-là...l'eau m'en vient à la bouche... Ah! cristi !... (Les trois femmes poussent un cri et retournant au barceau.)

GUSTAVE. Eh! eh! l'Enflammé, monte-nous du blanc... et de ton meilleur.

EUSÈBE, qui sort. Je n'ai que de celui-là.

POLYDOR. Et dire que cet imbécile-là boit, mange et dort comme une personne naturelle.

EUSÈBE, rentrant, chargé de verres et de bouteilles dans un panier. V'là du vrai pouilly qui a été récolté à Nogent même.

TOUS. Ah ! ah ! ah !...

EUSÈBE, à part. Mon grand-père m'a dit que pour tirer quelque chose des Parisiens... il fallait toujours avoir l'air plus bête qu'eux! nous verrons ben s'il m'a dit vrai, mon grand-père. (Il sort, Julien et Polydor débouchent des bouteilles, puis ils versent dans tous les verres.)

POLYDOR, élevant son verre. Mes enfants, buvons au retour de Pâquerette!

TOUS. Au retour de Pâquerette.

MADAME EDMOND. A la paix du cœur de ce pauvre monsieur Antonin !

LÉOPARD. Aux dames... messieurs...

TOUS. Aux dames!

POLYDOR. Et maintenant, mes enfants, allons-y de la ronde des blanchisseuses de fin *****. (Tous reviennent à l'avant-scène)

Musique de M. V. Robillard.

PREMIER COUPLET.

Le blanchisseuse,
De fin,
Dès le matin,
Preste et joyeuse,
Dans son frais attirail,
En chantant se met au travail,
C'est plaisir de la voir,
Et l'on peut sans crainte et sans peine,
La surnommer la reine
Et la déesse du lavoir.
OEil vif, pied mignon
Et minois fripon,

* Madame Edmond, Léopard, Zizine, Julien, Victorine, Polydor, Aimée, Gustave.
** Madame Edmond, Léopard.
*** Eusèbe, Polydor.
**** Victorine, Zizine, Eusèbe, Aimée.
***** Gustave, Zizine, Julien, Aimée, Polydor, Victorine, Léopard, madame Edmond.

Tournure provoquante,
Dans son blanc jupon,
Sa taille élégante,
Méprise le coton.

D'une solide affection,
Rechercher les attaches,
Garder sa réputation
Comm' son linge sans taches,
C'est la devise et le refrain (bis.)
D' la blanchisseuse de fin.

DEUXIÈME COUPLET.

La blanchisseuse de fin
Est bien souvent notre providence,
Dans plus d'une circonstance.
Ell' tient not' sort dans sa main,
Et parfois d'un procès
Que d'avoir gagné l'on se flatte,
La blancheur d'une cravate,
Vient compromettre le succès ;
Tendre rendez-vous
Hélas, est pour nous,
Souvent manqué par elle,
L'amour prend son vol
Et l'on perd sa belle
Pour n'avoir pas d'faux-col.

D'une solide affection etc., etc., etc.

TROISIÈME COUPLET.

AIMÉE.

La blanchisseuse de fin,
N' déteste pas la gaudriole,
Elle plaisante et rigole
Sans jamais s' fair' de chagrin.
Lasse de travailler,
Elle se bichonn', se maquille,
Pour aller à Mabille,
Et c'est là qu'on la voit briller ;
En douceur, piquant
Un léger cancan,
D' l'Anglais qui l'examine
Pour flatter l'orgueil
D'un coup de sa bottine
Ell' lui donn' dans l'œil.

D'une solide affection, etc., etc., etc.

LÉOPARD. Voilà du petit blanc qui donne des idées !...
maman, prenez garde à vous, j'ai le petit blanc volcanique.

MADAME EDMOND *. Je ne vous crains pas.

POLYDOR. Et maintenant à nos fourneaux !...

GUSTAVE. Et pêcher... et folâtrer...

JULIEN. Après la potbouille...

EUSÈBE, qui débarrassait la table, s'avançant. Du reste, messieurs, il y a dans la cuisine une petite porte qui donne sur la Marne, et si vous y tenez, vous pourrez cuisiner et pêcher tout à la fois.

JULIEN, POLYDOR, GUSTAVE. C'est dit, en avant la cuisine !

MADAME EDMOND. Si vous êtes embarrassés, je vais vous aider.

JULIEN, POLYDOR, GUSTAVE. Ce n'est pas de refus...

MADAME EDMOND. Conduisez-moi ! (Sortie sur la reprise de la ronde.)

SCÈNE III

LÉOPARD, ZIZINE, AIMÉE, VICTORINE **.

AIMÉE. Quels bons garçons !...

LÉOPARD. Nous sommes tous comme ça dans le quartier.

VICTORINE. Voilà du monde !

SCÈNE IV

LES MÊMES, MAXIME et IRMA, entrant en toilette d'été très-extravagante ; elle porte une ombrelle ouverte, Maxime a le pommeau de sa canne dans la bouche.

LÉOPARD, apercevant Irma. Elle ! encore elle !... toujours elle !

TOUS, surpris. Ah !

IRMA, joyeuse ***. Comment ! c'est vous !... Quel bonheur de vous rencontrer ici.

MAXIME, à part. Encore les blanchisseuses !... Ah çà, mais il parait que je n'en sortirai plus !

VICTORINE. A quel hasard devons-nous ton heureuse rencontre ?...

IRMA. C'est bien simple... le dimanche est une expiation.

MAXIME. Qui se renouvelle tous les huit jours.

IRMA. De sorte que des gens de ton et de goût tels que nous, ce jour-là fuient Paris à tout prix.

* Aimée, Zizine, Victorine, Julien, madame Edmond, Polydor, Eusèbe, Léopard, Gustave.
** Zizine, Aimée, Victorine, Léopard.
*** Maxime, Zizine, Aimée, Victorine, Irma, Léopard.

MAXIME, ôtant son chapeau et arrangeant ses cheveux. Et c'est ce que nous avons fait aujourd'hui.

LÉOPARD, à part. Il a une raie au milieu de la tête ; ordinairement les ânes la portent au milieu du dos.

IRMA. Vous nous rencontrez au moment où nous allions visiter, à Petit-Bry, un domainaillon que M. de Nantes est dans l'intention d'acheter.

MAXIME. Pour plaire à madame d'Avranches qui veut y parquer des chèvres et des moutons. On n'est pas plus pastorale.

LÉOPARD. Ce n'est pas un homme, c'est une sucrerie, un bâton de guimauve.

AIMÉE. Je croyais que tu avais une campagne du côté de Bougival.

IRMA. Oui... mais on la restaure... j'en fais changer l'ameublement.

MAXIME. Madame d'Avranches fait meubler dans le style Louis XV.

LÉOPARD. On appelle l'air désagréable de ce monsieur-là du chic...

IRMA. Ah ! vous voilà, vous !...

LÉOPARD. Hélas oui, enivrante chimère !...

MAXIME, de même *. Chère amie, je ne suis pas dans mon assiette au milieu de ce monde ; est-ce que vous restez ici ?

IRMA. La route m'a beaucoup fatiguée, je suis très-lasse ; soyez gentil, voulez-vous ?...

MAXIME. Que faut-il faire ?...

IRMA. A tout prix, chercher et trouver une voiture avec un ressort bien doux.

MAXIME. A la Bender !

LÉOPARD, l'imitant. A la Bender !

IRMA. Vous y êtes ; elle nous conduira à Petit-Bry et nous ramènera ensuite à Paris.

MAXIME. J'y consens... Mais dans ce village où donc trouver un autre véhicule qu'une brouette ?...

IRMA. Cherchez et je vous aimerai bien.

MAXIME **. A vos ordres ! (Saluant.) Mesdemoiselles !... (Lorgnant Léopard en s'éloignant.) Ce garçon me déplaît, il faudra que j'en débarrasse madame d'Avranches... (Il sort à droite.)

SCÈNE V

VICTORINE, AIMÉE, ZIZINE, LÉOPARD, IRMA, puis ANTONIN.

IRMA ***. Vous savez que l'on va beaucoup s'amuser ici... et que je ne serais pas éloignée d'être de la bande... si vous m'acceptiez.

LÉOPARD, avec amour. Pouvez-vous en douter, Irma ?...

IRMA. Et ces dames ?...

VICTORINE ****. Tu sais bien qu'en acceptant tu nous feras plaisir !...

AIMÉE. Oui, mais ton cocodès... M. de Nantes ?...

LÉOPARD. On le mettra à la petite table.

IRMA. Il ne nous dérangera pas.

ANTONIN, revenant du fond à droite *****. Voyons, mesdames, vous devez savoir l'une ou l'autre où mademoiselle Pâquerette est passée ?

IRMA. Eh ! mais... c'est monsieur Antonin, je crois...

ANTONIN, se découvrant. Mademoiselle Irma !...

IRMA ******. Comment, Pâquerette est des nôtres et vous ne me le disiez pas... (A part.) Un dimanche, c'est singulier. Il est vrai que de Nogent à Villiers il n'y a qu'un pas... surtout par le chemin de fer...

AIMÉE. Comprend-on qu'à la sortie de la gare elle n'était déjà plus avec nous ? (Elle remonte avec Victorine.)

ANTONIN, froissé. Elle aurait dû refuser mon invitation, plutôt que de nous ménager un semblable affront.

LÉOPARD, à part. Il souffre trop, il l'aime trop ! il faut que je parle. (Haut.) Je vais parler...

TOUS. Hein ?...

LÉOPARD. Je sais où elle est, moi !

ANTONIN. Vous... (Vivement.) Où est-elle ?...

LÉOPARD. Elle est...

IRMA, bas à Léopard. Ne dites rien, je vous le défends !

LÉOPARD. Je...

IRMA, suppliante. Je vous en prie...

ANTONIN. Allons !... j'attends... où est-elle ?...

IRMA, le fixant. Allons, monsieur, nous attendons... où est Pâquerette ?...

* Maxime, Irma, Léopard.
** Zizine, Aimée, Victorine, Irma, Maxime, Léopard.
*** Zizine, Aimée, Victorine, Irma, Léopard.
**** Zizine, Aimée, Victorine, Irma, Léopard.
***** Aimée, Zizine, Victorine, Irma, Antonin, Léopard.
****** Zizine, Irma, Léopard, Antonin, Victorine.

LÉOPARD, à part. Hein ?... Elle me défend de parler et elle m'interroge à la fois.

VICTORINE, AIMÉE, ZIZINE. Voyons, monsieur Léopard, parlez donc.

IRMA, bas. Pas un mot ! (Haut.) Où est-elle ?

LÉOPARD, au public, comme inspiré. Mais j'y pense... je ne le sais pas, où elle est... seulement, quand nous avons tous été descendus de wagon... pendant que la bande se dirigeait vers l'extrémité du train, pour gagner la sortie de la gare, je l'ai aperçue qui montait furtivement dans un compartiment de première classe. « Tiens ! lui ai-je crié. Où allez-vous donc ? — » « Je vais revenir bientôt, m'a-t-elle répondu, ne dites pas que vous m'avez vue... et... »

TOUS. Et ?...

LÉOPARD. Elle est partie !

ANTONIN. Mais où cela ?...

LÉOPARD. C'est là ce que j'ignore !

IRMA, bas à Léopard. Vous êtes un traître ?... Comment ! Pâquerette vous recommande le secret, et c'est ainsi que vous le gardez ?...

ANTONIN. Était-elle seule ?...

LÉOPARD, après une pause. Non... elle avait son ombrelle avec elle.

ANTONIN, furieux. Avez-vous remarqué quelqu'un qui semblait la connaître ?...

LÉOPARD. Attendez !... (Cherchant.) Oui... un militaire...

TOUS. Ah !...

LÉOPARD. Il est vrai que c'était un joli garçon.

IRMA, qui pince le bras de Léopard. Mais taisez-vous donc, méchante bête !

LÉOPARD. Aye !...

ANTONIN, à lui-même. Seule, dans un wagon avec un militaire !

AIMÉE. Est-ce une raison pour qu'elle le connaisse ?

ZIZINE. C'est impossible ! (Les femmes remontent.)

IRMA. C'est absurde. (A Léopard.) Dans un instant je vous promets un petit chien de ma chienne.

LÉOPARD, à part. Elle me promet un chien.

IRMA. Je vous laverai la tête !

LÉOPARD, surpris, passant à gauche*. Elle veut me laver la tête ?

ANTONIN. Si elle s'est joué de moi... je me vengerai.

IRMA**. On ne se venge jamais d'une femme.

ANTONIN. Assez, je vous en prie, je ne veux plus rien entendre.

IRMA, bas. Cependant il faut que je vous parle.

ANTONIN. A moi ?...

IRMA. A vous seul.

ANTONIN. Et pourquoi.

IRMA. Pour vous démontrer de mon mieux l'innocence de Pâquerette... éloignez tout le monde, je vous prie.

ANTONIN, à part. Son innocence. (Aux autres.) Mes amis, nous sommes venus ici pour rire, pour nous amuser, et je m'aperçois qu'au lieu de cela, vous êtes tous tristes à cause de moi... je vous en prie, ne songeons plus à ce qui arrive... allez pêcher... j'ai à parler à mademoiselle Irma... aussitôt après, je vous rejoindrai... je serai gai... je vous le promets !

TOUS. A la bonne heure... à la bonne heure !

TOUS, excepté Irma et Antonin. A la pêche !... à la pêche !...

ANTONIN.

RONDE DE LA PÊCHE.

Musique de Sylvain Mangeant.

Plaisir facile,
Plaisir tranquille,
Délassement vraiment digne des dieux,
Jamais la pêche,
Ne nous empêche,
De rester pur, candide et vertueux,
Cet innocent et simple badinage,
Me plaît assez, j'en conviens sans détour,
Car à mes yeux c'est la fidèle image,
Des tours nombreux dont on use en amour.
Même système,
Et quand on aime,
Comme à la pêche il faudra commencer ;
Avec prudence,
Et patience,
Il faut savoir d'abord bien amorcer ;
Pour le goujon, ver ou simple fromage,
Servent d'appât, c'est le fin du métier ;
Pour la beauté, petits cadeaux d'usage,
Bague, croix d'or, bracelet ou collier.

De son trou le poisson
Sort
Bientôt à l'hameçon
Mord
A l'aspect des cadeaux
Beaux,
La beauté qu'on surprit
Rit.
En s'enfonçant le bouchon nous annonce,
Que le poisson va nous appartenir ;
C'est bien souvent l'amoureux qui s'enfonce,
La beauté fuit quand on croit la tenir ;
Mais par adresse
Goujon, maîtresse
Doivent toujours finir par être pris ;
Persévérance
Et patience,
L'homme triomphe et tous les deux sont frits.

REPRISE.

Plaisir facile,
Plaisir tranquille, etc., etc.

(Sortie générale en criant : A la pêche ! par la gauche, au fond.)

SCÈNE VI

IRMA, ANTONIN*.

ANTONIN. Nous sommes seuls, je vous écoute.

IRMA. Monsieur Antonin, vous le savez, Pâquerette est ma meilleure amie, nous nous aimons toutes deux comme deux sœurs, je lui suis si dévouée que s'il le fallait pour son bonheur, je n'hésiterais pas à lui sacrifier tout ce que j'espère de l'avenir.

ANTONIN. Vos sentiments sont les miens pour elle.

IRMA. Quand j'étais ouvrière, comme elle l'est encore aujourd'hui, il m'a été permis d'apprécier toutes ses qualités, toutes ses vertus... Si vous saviez combien de fois elle est venue discrètement à mon secours ; si je pouvais vous raconter toutes les délicatesses de son amitié, alors que l'orgueil, la coquetterie et le plaisir m'avaient réduite aux besoins les plus impérieux... que de fois, sans elle, les heures de repas se seraient passées pour moi en pleurs et en privations ; que de fois encore elle m'a conseillée, encouragée, et aidée à lutter et à vaincre ma nature ambitieuse.

ANTONIN. Je ne sais trop où vous voulez en venir, mademoiselle ; mais il me semble que c'est votre histoire que vous me racontez-là ?

IRMA. C'est qu'elle sera pour vous la garantie de ce que je vais vous affirmer... Permettez-moi de continuer... A l'époque dont je vous parle, Pâquerette n'avait personne que moi à qui elle pouvait donner tout son cœur, aussi me le donnait-elle sans réserve... mais depuis des événements survenus tout à coup dans sa vie, l'ont obligée à partager son affection et son dévouement entre vous d'abord, et un autre...
(Ici madame Edmond paraît sur le seuil de la porte du cabaret.)

SCÈNE VII

LES MÊMES, MADAME EDMOND**.

ANTONIN. Un autre ! comment, Pâquerette en aime un autre ?

MADAME EDMOND, à part. Que dit-il ?

IRMA. S'il m'était permis de vous faire connaître celui-là, j'en suis persuadée, vous approuveriez cet amour.

MADAME EDMOND, toujours à part. Tiens, tiens, tiens ! (Elle va se placer derrière une charmille.)

ANTONIN. Comment, vous m'avouez que Pâquerette a un amour dans le cœur... auquel moi, son fiancé, je suis étranger, et vous prétendez que je ne dois ni m'en froisser, ni m'en plaindre.

IRMA. Voilà, en effet, ce que je voudrais obtenir de vous.

ANTONIN. C'en est trop ; de grâce, mademoiselle, expliquez-vous... Faites-moi connaître, je vous prie, le nom et la demeure de celui que mademoiselle Pâquerette me préfère, et près duquel, sans doute, elle est à cette heure.

IRMA. Oui, mon ami, elle est près de lui, mais je ne puis vous satisfaire, tout en vous affirmant au nom de la sainte amitié qui me lie à Pâquerette, qu'elle est digne de tout l'amour que vous lui avez donné.

ANTONIN, passant à droite***. Ah ! mais c'est à devenir fou.

IRMA. Si jusqu'ici Pâquerette n'a pas consenti à être votre femme, si elle vous a toujours supplié d'ajourner ce projet, c'est qu'elle a bien compris qu'elle serait obligée de vous faire un aveu que le temps n'a pas encore rendu possible.

MADAME EDMOND, cachée, à part. Eh ! mais, mes actions remontent.

* Antonin, Irma.
** Madame Edmond, Antonin, Irma.
*** Irma, Antonin, madame Edmond.

ANTONIN. Eh bien! je vais vous donner la preuve de sa dissimulation, sans préjudice de celle que vous aurez aujourd'hui même, si elle revient à temps parmi nous.

IRMA. Je vous écoute.

ANTONIN. Il m'est survenu d'un parent éloigné un petit héritage de sept mille francs; jusqu'ici tout le monde a ignoré que je possédais cette somme.

MADAME EDMOND, toujours cachée. Sept mille francs, quel brave jeune homme !

ANTONIN. J'ai fait jeter à la poste de Quimperlé, où habite M. Borniche, l'oncle de Pâquerette, une lettre à l'adresse de celle-ci, contenant un billet de mille francs, j'ai rédigé cette lettre au nom de M. Borniche, lequel était censé lui envoyer cet argent pour ses menus plaisirs ; elle a reçu ma lettre, je l'ai vue entre ses mains, quelques instants après, j'ai simulé une gêne qui me plaçait dans un grand embarras... sa réponse a été précise... Elle s'est dite aussi gênée que moi.

IRMA. Vous me surprenez beaucoup.

MADAME EDMOND, cachée. Ah ! cette Pâquerette est décidément une pas grand'chose.

IRMA. Et quelle autre épreuve êtes-vous donc dans l'intention de tenter... contre elle ?

ANTONIN. Celle-ci sera la dernière.

IRMA. Puis-je la connaître ?

ANTONIN. Cela est impossible !

IRMA, à part. Si je la vois, je la préviendrai.

MADAME EDMOND, même jeu. Demain , tout sera brisé, brouillé, démoli... alors je me remontrerai. Pauvre jeune homme, comme je l'aimerai!... sept mille francs !

IRMA. Ainsi... vous ne voulez pas chérir Pâquerette les yeux fermés ?

ANTONIN. Ni même les yeux ouverts... c'est fini je ne l'aime plus.

IRMA. Et votre dernière épreuve tiendra malgré votre résolution ?

ANTONIN. Oui, mademoiselle.

SCÈNE VIII

LES MÊMES, LÉOPARD [*].

(Il est coiffé d'un large chapeau de paille, il lient une ligne, madame Edmond est sortie de sa cachette.)

LÉOPARD, entrant. Monsieur Antonin, arrivez donc... ces dames vieillissent sans vous... Figurez-vous que je suis en veine... j'ai attrapé six ablettes mâles et un goujon femelle.

MADAME EDMOND, à Antonin. Allons, bel amoureux, calmez vos angoisses et vos terreurs. Offrez-moi votre bras et en route... je vous consolerai... (Elle prend le bras d'Antonin.) Emmenez-moi pêcher, voulez-vous ?

ANTONIN, indifférent. Volontiers.

IRMA, bas à Léopard. Restez, je vous ai promis un chien, je veux vous le donner.

LÉOPARD. Elle y tient... Et de quelle race ?

MADAME EDMOND. Allons, partons !

ENSEMBLE.

MADAME EDMOND.	IRMA, LÉOPARD.
Venez donc, bel amoureux,	Hélas le pauvre amoureux,
Ne soyez plus langoureux,	A l'air triste et langoureux ;
Quelqu'un vous consolera,	Mais quand tout s'expliquera,
Votre chagrin passera;	Son chagrin se passera ;
D'un cœur indigne de vous	La vieille fait les cent coups
Ne soyez donc pas jaloux,	Afin de le rendre jaloux ;
Et sachez pour vous venger,	Et voudrait pour se venger,
Autre part vous engager.	Dans ses filets l'engager.

(Antonin et madame Edmond sortent à gauche.)

SCÈNE XI

IRMA, LÉOPARD [**].

IRMA. Si je ne vous savais pas plus bête que méchant, je vous arracherais les yeux pour les balourdises dont vous vous êtes rendu coupable envers Pâquerette.

LÉOPARD. Hein ?

IRMA. Mais comme vous m'avez souvent laissé comprendre que vous m'adoriez, je réfléchis... je garde mon chien, je vous pardonne.

LÉOPARD. Oh! oui ! je vous adore !

IRMA. Si je me laissais aller à vous croire... vous donneriez-vous à moi ?

LÉOPARD. Je m'y donnerais d'abord, et sans hésiter.

IRMA. C'est donc un pacte que nous allons signer.

[*] Irma, Léopard, madame Edmond , Antonin.
[**] Léopard, Irma.

LÉOPARD. Je suis tout à vous, parlez, c'est signé d'avance.

IRMA. Dès aujourd'hui... vous ferez tout ce que Pâquerette et moi nous vous commanderons, et si elle ou moi nous nous servons de vous pour une mission quelconque, vous serez discret.

LÉOPARD. Comme l'obélisque.

IRMA. Si vous êtes interrogé... si telle ou telle cherche à vous faire parler... jamais un mot !

LÉOPARD. Jamais. (Il prend les mains d'Irma.) Et ensuite, quand vous serez bien pénétrée de mon dévouement, quelle sera ma récompense ?

IRMA. Nous verrons à la déterminer.

LÉOPARD. Irma... mon Irma... parlez... donnez à votre esclave une parole d'espoir et, selon votre ordre, marbre ou volcan, il se transformera... mais par grâce un mot... rien qu'un mot !

> AIR : *Marguerite fermez les yeux.*
> Il faut être, je crois, aveugle de naissance
> Pour ne point voir l'amour qui m' lient en son pouvoir,
> Et même en y mettant un peu de complaisance,
> Un quinze-vingt finirait par s'en apercevoir.
> Eh pourquoi donc, vous seule, ô femme incomparable !
> Ne voulez-vous pas voir ce qu'on voit en tous lieux ;
> (S'agenouillant.)
> Quand on les a si beaux, c' n'est pas désagréable   (Bis.)
> Irma, de grâce, ouvrez les yeux.

SCÈNE X

LES MÊMES, MAXIME, paraissant au fond.

IRMA, éclatant. Ah ! ah ! ah ! ah !

MAXIME, descendant la scène. Qu'est-ce à dire ?

IRMA, bas à Léopard. Amour et mystère... devant lui, pas un mot.

LÉOPARD, qui s'est relevé [*]. Elle m'aime en secret ! O bonheur ! (Apercevant Maxime.) Et dire que cet animal-là n'y voit que du feu.

IRMA, bas à Maxime. Ne le désabusez pas, j'ai besoin de lui. (A part.) C'est très-amusant [**] !...

LÉOPARD et MAXIME, qui se regardent et se moquent l'un de l'autre. Ah ! ah ! ah ! ah !

IRMA, à part. Ah ! ah ! ah !

MAXIME. Chère amie, j'ai vu une voiture passer sur la grande route... Elle n'est pas jolie... mais n'ayant pas le choix... je m'en suis contenté... Elle vous attend, je l'ai retenu pour le mois.

IRMA. Pour le mois... quelle folie !

MAXIME. C'était à prendre ou à laisser... j'ai pris.

IRMA. Où est-elle ?

MAXIME. A vingt pas.

IRMA, qui prend le bras de Maxime. Faites voir. (A Léopard.) Confiance. (Elle lui envoie un baiser, Léopard le lui rend.)

SCÈNE XI

LÉOPARD, seul. Les voilà bien ces millionnaires ! ces gandins... ils se croient aimés pour eux... tandis que c'est nous, nous prolétaires, jeunes et spirituels, qui sommes chéris... ils ont beau porter des binocles, ils ne voient pas que l'on nous recherche, que l'on nous abandonne tout ce que le cœur d'une femme renferme d'amour et de poésie... Mais j'y songe, et la cuisine... car enfin c'est beau l'idéal, mais ça ne remplit pas le bedon, et je sens que je me placerai bien un bœuf à la mode sous la dent, en guise d'absinthe, voyons un peu où sont les rôtis. (Il entre dans la cuisine.)

SCÈNE XII

VICTORINE, AIMÉE, ZIZINE et UNE QUATRIÈME OUVRIÈRE, puis ANTONIN [***].

> CHŒUR.
> Il a l' sac, il a l' sac
> Vraiment qui l'aurait pu croire!
> Il a l' sac, il a l' sac,
> (A part.)
> Pour lui mon cœur fait tic, tac,
> (Haut.)
> Tic, tac, tic, tac.
> C'est une drôle histoire,
> Tic, tac, tic tac.
> Quoi! cet imbécile a le sac,
> C'est l' cas d'agir sans nic-mac,
> Et de n' pas avoir le trac,
> Soit ah hoc, soit ah hac!
> Faut avoir le sac.

[*] Irma, Maxime, Léopard.
[**] Maxime, Irma, Léopard.
[***] Ouvrières, Zizine, Victorine, Aimée.

AIMÉE. En voilà une affaire ?

ZIZINE. Est-ce bien vrai aussi !

VICTORINE. Si M. Antonin l'assure, c'est que cela est... jamais il ne ment.

AIMÉE. Et puis en somme cela peut bien être.

ZIZINE. Au fait, M. Léopard nous l'a souvent dit, il achète tant de billets de toutes les loteries que c'est bien naturel qu'il gagne au moins une fois.

AIMÉE. D'autant moins qu'une fois n'est pas coutume.

VICTORINE. Il a gagné vingt mille francs.

AIMÉE et ZIZINE. Vingt mille francs !

VICTORINE. Juste de quoi vivre de ses rentes. (Ici Antonin paraît au fond, venant de gauche.)

ANTONIN. Voyons si mon plan réussira... Pourvu que Pâquerette arrive et qu'elle apprenne d'elles ce que je viens d'imaginer. (Il s'éloigne à droite.)

VICTORINE. Si M. Léopard le veut maintenant, il trouvera une femme aussi gentille qu'il la désirera ; pour vingt mille francs il n'aura qu'à chosir.

AIMÉE. Et après tout, il n'est pas plus laid qu'un autre, et je suis certaine que, bien habillé, il aurait encore son petit chic !

VICTORINE et ZIZINE. Certainement.

AIMÉE. Convenez, mesdemoiselles, que si au lieu de dépenser notre argent à nous payer des bigarreaux et des cafés noirs, nous avions acheté des billets de loterie, comme le fait M. Léopard, aujourd'hui, nous aurions peut-être gagné de grosses sommes aussi.

VICTORINE et ZIZINE. C'est vrai, pourtant.

VICTORINE. Mesdemoiselles, vous savez que ce cher Léopard ignore encore sa fortune.

AIMÉE. Nous allons lui apprendre la nouvelle.

VICTORINE. Je propose une chose.

ZIZINE. Parle.

VICTORINE. Puisque nous sommes ici toutes quatre pour plaire à Léopard, puisque nous avons toutes l'ambition de devenir sa femme... il faut nous entendre sur le plan de campagne à adopter pour le conquérir.

AIMÉE. C'est une idée.

ZIZINE. Explique-toi.

VICTORINE. Et d'abord, pour le rendre moins difficile à séduire, cachons-lui qu'il est riche.

ZIZINE et AIMÉE. Ensuite ?

VICTORINE. Laissons-lui croire que notre entraînement vers lui n'a pas d'autre cause que l'attrait de sa personne.

AIMÉE et ZIZINE. Convenu.

VICTORINE. Nous aurons alors à faire valoir près de lui ce que nous aurons de plus remarquable... ce sera à nous d'user de tous nos petits moyens ; seulement....

AIMÉE et ZIZINE. Seulement ?

VICTORINE. Pour l'honneur des blanchisseuses... pas de méchanceté de l'une contre l'autre.

AIMÉE. Enfin, pas de mauvaises farces, c'est convenu !

ZIZINE. Le voilà, attention ! (Elles remontent toutes quatre sous le berceau de droite.)

SCÈNE XIII

LES MÊMES, LÉOPARD, qui entre sans apercevoir Victorine, Aimée et Zizine.

LÉOPARD, au public. Vous croyez peut-être qu'ils sont à leur poste : plus personne ; ils ont fichu le camp par la porte de derrière ; le fricot est livré à lui-même ; aussi je crois que je viens de commettre une balourdise, j'ai voulu saler le lapin, je me suis trompé, au lieu de sel, je l'ai couvert d'amidon ; je n'en dirai rien, parce que l'on me chicanerait, mais pas de danger que j'y goûte... Je n'aime pas bien ça le lapin à l'amidon.

AIMÉE, bas. Y êtes-vous ? Chacune pour soi.

Air de la valse de Fauchette.

AIMÉE, s'approchant de Léopard *.
Eh quoi ! vous nous quittez,
Vous nous abandonnez,
Quand chacun vous désire,
Vous aime et vous admire.
(Elle passe devant lui en valsant.)

ZIZINE.
Ici nous accourons,
Car, nous vous l'avouerons,
Pour toutes, votre absence
Etait une souffrance
VICTORINE, s'approchant à son tour.
De charmer votre cœur
Aurai-je le bonheur !

* Ouvrières, Aimée, Léopard, Victorine, Zizine,

Un regard de mes yeux
Peut-il vous rendre heureux.

TOUTES.

Oui, nous voici, regardez-nous,
Voici de quoi flatter vos goûts
Nous voici, nous voici, nous voici.
(Sur la reprise toutes les quatre valsent autour de lui.)
Oui dans un but bien doux,
Nous venons près de vous,
Toutes nous sommes belles,
Surtout pas trop cruelles,
A votre bon plaisir,
Hâtez-vous de choisir.

LÉOPARD, pris de tous les côtés *. Je ne sais pas si je suis recherché !... Aussi je me disais : C'est drôle que jusqu'à présent ces demoiselles ne se soient pas aperçues de mes attraits... Ça été long ! mais enfin elles y sont arrivées. Maintenant à l'amour de faire le reste.

AIR : Hermite de Saint-Avelle.

Tout aussitôt que j'aurai fait fortune,
Ne craignez rien, mon choix s'ra bientôt fait ;
Malheureusement je n'en peux prendre qu'une,
Mais son bonheur, alors sera complet.
M' marier tout de suite ne s'rait pas raisonnable,
J' veux à ma femme pouvoir donner du pain.
Car il serait épouvantable,
D' laisser mourir un' blanchisseus' de faim,
Conv'nez qu'il serait épouvantable,
D' laisser mourir un' blanchisseus' de faim.

(Polydor, Julien, Gustave et un quatrième ami paraissent au fond.)
Patientez ! espérez ! Voyons, laquelle de vous m'a remarqué la première ?

TOUTES. Moi ! moi !...

LÉOPARD. Je vais donner un numéro d'ordre à chacune.

SCÈNE XIV

LES MÊMES POLYDOR, JULIEN, GUSTAVE, AMI **.

CHŒUR.

Ah ! sacripant,
On t'y prend ;
Dans l'instant,
Tu nous feras raison de cette offense ;
Tu vas bientôt recevoir une danse,
Ce sera ton juste châtiment,
V'lan !

GUSTAVE. Quand je vous le disais, le voilà entouré de ces dames.

LÉOPARD, fier. Mais oui, mon vieux Gugus...

POLYDOR. Comment, scélérat... tu oses ?

LÉOPARD. Mon Dieu ! oui, j'ose.

JULIEN. Tu n'es pas honteux !...

LÉOPARD, à part. Ils ont l'air vexés... je m'en fiche... ils me tutoient, je m'en refiche.

GUSTAVE. Et tu crois que ça va se passer comme ça ?

LÉOPARD. Dame ! j'en ai peur.

JULIEN. Tu crois que tes vingt mille francs te donnent le droit de nous supplanter ?

POLYDOR. Tu implores notre indulgence... pour que l'on t'accepte parmi nous ; on y consent .. et tu te dépêches de gagner vingt mille francs pour nous mystifier.

LÉOPARD. Qu'est-ce qu'ils disent ?... Ils sont fous, les malheureux !... ils sont fous !... Mais vous êtes fous !

GUSTAVE. Réponds... As-tu voulu nous mystifier ? avec tes vingt mille francs ?

POLYDOR. Tu t'es dit : La femme est impressionnable ; avec vingt mille francs elle viendra autour de moi... je n'aurai qu'à me baisser et à en prendre... n'est-ce pas ?

LÉOPARD, furieux. Si je comprends un mot de tout ce que vous dites, je veux que le loup, de l'île, me croque ! Quoi ! des mystifications ! Quoi ! vingt mille francs... Expliquez-vous... sinon, allez au diable, j'ai assez de votre farce !

POLYDOR, JULIEN et GUSTAVE. Comment, il nous insulte maintenant ?

AIMÉE. Voyons, laissez-le donc.

VICTORINE. Vous l'ahurissez !

ZIZINE. Vous lui faites perdre la tête !

JULIEN. Je propose de lui administrer un bain froid !

POLYDOR. Dans la Marne.

LES FEMMES. Ah ! (Les hommes enlèvent Léopard et l'emportent.)

GUSTAVE. A l'eau le millionnaire !

POLYDOR. Il faut arroser ses vingt mille francs : à l'eau !

* Ouvrières, Victorine, Léopard, Zizine, Aimée.
** Victorine, Julien, Polydor, Léopard, Gustave, Ami, Zizine, Aimée.

Air : *Fernand Cortez.*

A l'eau ! à l'eau ! à l'eau !
La Marne le réclame,
Et pour calmer sa flamme
Un bain
Sera très-sain.

REPRISE

Les femmes poussent des cris et elles suivent Léopard que l'on emporte à gauche.

SCÈNE XV

IRMA, seule à la cantonade à droite.

Faites un tour dans les environs avec la voiture et revenez ensuite... (Entrant.) Il y a de quoi loger vingt-cinq personnes dans cette guimbarde ?... (On entend l'arrivée d'un train.) Eh ! mais, je ne me trompe pas, c'est Pâquerette ; arrive donc, comme elle court.

SCÈNE XVI

IRMA, PAQUERETTE.

Pâquerette paraît inquiète, accablée, tourmentée.

PAQUERETTE. Irma. (Elle l'embrasse.)

IRMA. Je suis heureuse de te voir...

PAQUERETTE. Et moi !... mais comment es-tu ici ?

IRMA. Par hasard, j'ai rencontré toute la blanchisserie Edmond... et quand j'ai su que tu étais de la partie, je t'ai attendue... mais toi, d'où viens-tu ?... De voir Léon, sans doute ?

PAQUERETTE. Oui, et je suis désolée, ma bonne Irma, le médecin m'a déclaré que s'il reste huit jours de plus près de la nourrice à qui je l'ai confié, il est perdu !

IRMA. Mais alors, il faut le reprendre aujourd'hui même.

PAQUERETTE. Immédiatement, c'est ce que je veux faire... seulement je ne m'étais pas assez munie d'argent, et en retournant à Paris pour en prendre j'ai voulu m'arrêter quelques instants ici afin de m'excuser près des amis, qui m'attendent, près d'Antonin qui doit être bien tourmenté de ne pas m'avoir auprès de lui.

IRMA. Il est comme un fou... La jalousie l'a rendu méchant... mais ne t'inquiète pas... il se calmera... ne songeons qu'à Léon, ce cher ange... et d'abord, voici ma bourse, nous compterons plus tard... tu vas retourner à Villiers, tu acquitteras tout ce que l'on te réclamera... dû ou pas dû...

SCÈNE XVII

LES MÊMES, LÉOPARD, tout mouillé **.

LÉOPARD. Je ne sais pas si je m'amuse !... Ils m'ont jeté dans l'eau comme on lance un navire et ils m'ont laissé-là en criant : baigne tes vingt mille francs avec toi ! il y avait pied, sans cela, j'étais fichu !...

IRMA, apercevant Léopard. Ah ! il arrive à point ! Monsieur Léopard !...

LÉOPARD. Mademoiselle !

IRMA. Souvenez-vous... vous m'avez juré de nous appartenir complétement à Pâquerette et à moi.

LÉOPARD. Oui...

IRMA. Voici le moment de vous exécuter ; vous allez de ce pas, sans tambour ni trompette suivre Pâquerette... vous irez où elle vous dira d'aller... Vous ferez ce qu'elle vous dira de faire... d'ici j'aurai l'œil sur vous.

LÉOPARD. Alors, je vais m'habiller.

IRMA. C'est inutile... partez sur-le-champ.

LÉOPARD ***. Mais je suis tout trempé !

IRMA. L'heure presse... vous n'auriez pas le temps de vous changer... le soleil vous séchera en route.

LÉOPARD. C'est donc bien important ?

IRMA. Il y va de la vie de quelqu'un que vous allez sauver.

LÉOPARD, effrayé. Que je vais sauver, moi ?... Est-ce qu'il faudra me battre ?

IRMA. Non... rien de dangereux vous menace, mais partez...

LÉOPARD. Mais !

IRMA. Voici ma main... c'est un gage de mes bonnes intentions pour vous. Je vous l'ordonne... je vous en supplie. (Léopard disparaît en entrant dans la maison à gauche pour prendre son paletot ; à Pâquerette.) Allons prends courage... et dispose de ce garçon... il est bête... mais il nous sera très-dévoué... je te verrai à Paris aussitôt mon retour.

* Pâquerette, Irma.
** Léopard, Irma, Pâquerette.
*** Irma, Léopard, Pâquerette.

PAQUERETTE. Que tu es bonne ! merci et au revoir ! (Elle revient sur ses pas.) Si Antonin souffre trop... console-le de ton mieux... dis-lui que je l'aime bien... qu'il me pardonne !...

IRMA. Oui .. oui... compte sur moi... (On entend l'arrivée lointaine du train.) Voici le train, dépêchez-vous, il n'est que temps !

LÉOPARD, revenant. Est-ce que vous connaissez l'histoire de mes vingt mille francs.

IRMA. Je ne sais ce que vous voulez dire... partez donc !

LÉOPARD, qui s'éloigne. Quelle drôle d'histoire... ils disent que j'ai vingt mille francs... j'ai beau me fouiller... je ne trouve rien dans mes poches !... (Il sort en courant après Pâquerette.)

IRMA, qui les regarde s'éloigner. Quel modèle de vertus que cette chère Pâquerette. (Descendant le théâtre.) En voilà une qui devrait savourer tout les bonheurs, et qui est sans cesse victime de son excellent cœur. (Remontant le théâtre.) Je ne les vois plus.

SCÈNE XVIII

IRMA, ANTONIN, POLYDOR, GUSTAVE, JULIEN, MADAME EDMOND, VICTORINE, ZIZINE, MAXIME, qui entre du côté opposé ; ils entrent de gauche en exécutant une marche, tous ont une ligne à la main.

CHŒUR.

Air *du serpent à plumes.*

Qu'on prépar' la friture ;
Qu'on prépar' les réchauds,
Les fourneaux !
V'là d' la pisciculture
Les produits les plus beaux.
Qu'on se régale et qu'on s'en donne,
Qu'on tortille et qu'on gobichonne,
Et sans qu' ça vous
Coûte cent sous
Par personne.

JULIEN, montrant un gros filet rempli de poisson. Voici notre pêche, mademoiselle Irma !

IRMA. Oh ! oh ! elle est superbe !

ANTONIN. Maintenant il s'agit de voir si le dîner est prêt. (Appelant.) Eusèbe.

TOUS. Eusèbe.

SCÈNE XIX

LES MÊMES, EUSÈBE *.

EUSÈBE, qui paraît. Voilà, voilà !...

ANTONIN. Es-tu en mesure ?

EUSÈBE. Oui, messieurs, mesdames !

ANTONIN. Alors, sers-nous !

IRMA, à Antonin **. Nous permettez-vous, M. de Nantes et moi, d'être des vôtres ?

ANTONIN. N'êtes-vous pas amis de la maison ?

MAXIME, bas à Irma. Comment, vous voulez vous asseoir à leur table ?

IRMA. Un caprice... faites-moi le plaisir d'être aimable... ayez l'air enchanté je vous en prie !...

MAXIME. Et la voiture ?...

IRMA. Puisque nous l'avons au mois !

ANTONIN ***. Il est inutile de réserver le couvert de mademoiselle Pâquerette, car je doute qu'elle arrive maintenant.

MADAME EDMOND. Elle ne doit guère penser à nous en ce moment !

IRMA. Vous vous trompez peut-être, madame Edmond ! (A Antonin.) Si elle était revenue, vous l'eussiez sans doute soumise à cette dernière épreuve dont vous me parliez encore tout à l'heure.

ANTONIN. Oui, mademoiselle.

GUSTAVE, au fond. Dites donc, vous autres, je ne vois pas Aimée !

TOUS. Tiens... c'est vrai !

JULIEN. Est-ce qu'elle est allée rejoindre Pâquerette ?

TOUS LES HOMMES. Prrrrrrout !

TOUTES. La voilà !... voilà !... D'où venez-vous ?

SCÈNE XX

LES MÊMES, AIMÉE ****.

AIMÉE. Je viens de cueillir toutes ces jolies fleurs du côté de la gare, où j'ai même rencontré M. Léopard, qui se sauvait avec Pâquerette.

* Polydor, Eusèbe, Antonin, madame Edmond, Irma, Maxime.
** Polydor, madame Edmond, Antonin, Irma, Maxime.
*** Antonin, Irma, madame Edmond, tous les autres au fond.
**** Julien, Polydor, Aimée, Victorine, Antonin, Irma, madame Edmond.

ANTONIN, passant à Aimée. Pâquerette, vous lui avez parlé, que vous a-t-elle dit. (On apporte une longue table servie ; pendant ce qui suit on place les sièges autour.)

AIMÉE. Je faisais ce bouquet quand je l'aperçus, je m'en fus à elle, et je lui dis : Tu sais que M. Léopard a gagné vingt mille francs... oui... oui... me répondit-elle... Adieu, et ils montèrent en wagon.

ANTONIN. Pour Paris?

AIMÉE. Non pas... Le train qui les a emportés en venait!

TOUS. Ah! (Tous remontent.)

ANTONIN, bas à Irma. Mon épreuve a réussi!... vous le voyez, elle croit que Léopard a gagné vingt mille francs... Elle s'enfuit avec lui...

IRMA. Mais ne vous fiez donc jamais aux apparences, à table nous causerons.

POLYDOR. Allons... allons... à table!... (Tout le monde se place.)

MAXIME, qui court autour de la table sans trouver une place. Quelle place me destine-t-on à moi?

MADAME EDMOND. Comment, monsieur, après avoir mangé autant de cannes depuis ce matin... vous avez encore faim?...

IRMA, donnant un petit escabeau à Maxime. Bon ami, mettez-vous là... (Il s'assied presque aux pieds d'Irma, qui lui met sa serviette comme à un enfant.)

TOUS. Le potage!...

EUSÈBE, paraissant avec la soupière. Le potage demandé...

AIR *de la grande orgie.*

(Avec reprise.)

JULIEN.
Faisons honneur à ce festin,
Que chaque personnage,
Aux cuisiniers pour rendre hommage,
D'abord vide un verre de vin
Plein

POLYDOR, venant de gauche, tenant un plat à la main.
En vérité,
De mon lapin sauté
On doit être épaté,
J'imagine.

(A part.)
C'est peut-être bon, mais
C' n'est pas moi qui en mang'rais,
J' n'aime pas l'amidon dans la cuisine.

TOUS.
Faisons honneur au festin,
Que chaque personnage
Aux cuisiniers pour rendre hommage,
D'abord vide un verre de vin
Plein.

ACTE TROISIÈME

Une mansarde avec porte au fond près de laquelle se trouve à gauche une fenêtre toute grande ouverte. — Sur cette fenêtre, une caisse jardinière remplie de fleurs plantées. — Autour des murs de cette croisée, des plantes grimpantes qui forment une sorte de berceau. — Adaptée à l'un de ces murs, une cage qui renferme des serins. Au fond à droite une commode de noyer supportant des porcelaines, des vases de fleurs artificielles et une vierge en biscuit. — Suspendus aux murs, des tableaux de divers genres. — Fixées aux murs par des épingles, des estampes noires et coloriées. — Au côté droit, deuxième plan, une porte conduisant à une autre pièce. — Au côté droit, premier plan, une cheminée très-modeste, garnie de bibelots gagnés dans les fêtes publiques. — Au milieu de cette cheminée, une petite pendule en acajou. — Au-dessus une glace modeste. — Sur la droite, premier plan, une petite table et deux chaises. — Des chaises en noyer. — Près de la fenêtre une machine à coudre. — La scène est chez Pâquerette.

SCÈNE PREMIÈRE

PAQUERETTE, puis LÉOPARD.

(Quand le rideau se lève, Pâquerette, placée derrière l'un des rideaux de la fenêtre, regarde dans la rue, essayant de ne pas être vue; elle semble préoccupée, tourmentée.)

PAQUERETTE. C'est bien lui... comme il semble agité... Pauvre Antonin, il n'ose pas monter chez moi... je ne l'y ai jamais autorisé... il me guette probablement!... Que peut-il me vouloir?... (Elle se recule subitement.) Ah! il m'a peut-être vue... (Après une pause.) Non... j'ai eu peur...

LÉOPARD, entrant, sa grande boîte au bras [*]. Peut-on entrer?

[*] Pâquerette, Léopard.

PAQUERETTE, allant à lui. Monsieur Léopard!... C'est Dieu qui vous envoie.

LÉOPARD. C'est bien possible.

PAQUERETTE. Le temps presse... Voulez-vous me rendre un service?

LÉOPARD. Mais n'est-ce pas dans mes attributions... Je ne fais que cela.

PAQUERETTE. C'est vrai!

LÉOPARD. Soit dit sans reproche.

PAQUERETTE. Vous êtes si gentil... si obligeant!

LÉOPARD. C'est au point que je vais me faire faire des cartes sur lesquelles on lira : « Anastase Léopard, porte les modes et transporte les enfants clandestins, rend des services à tout le monde. »

PAQUERETTE. Vous êtes toujours gai!

LÉOPARD. Comme un éléphant en goguette... Et le petit a-t-il crié cette nuit? (Il se dirige vers la porte de droite.) Il est là?

PAQUERETTE. Hélas! non, mon bon Léopard.

LÉOPARD, surpris. Non, mais où donc est-il?

PAQUERETTE. Chez le docteur Brossard, qui a voulu que la nourrice de l'un de ses enfants lui prodiguât les premiers soins...

LÉOPARD. Ah bah!

PAQUERETTE. Je voulais aller le rechercher moi-même... mais de me croisée j'aperçois M. Antonin qui me guette...

LÉOPARD. Il monte la garde devant votre porte, pour vous parler aussitôt qu'il pourra vous joindre... et ça vous gêne?

PAQUERETTE. Oui... beaucoup.

LÉOPARD. Vous redoutez ses questions, ses morales?...

PAQUERETTE. Je ne redoute rien; n'a-t-il pas dit publiquement avant-hier, à Nogent, qu'il ne m'aimait plus!

LÉOPARD. Oui, il l'a dit, il l'a même crié... je l'ai entendu, moi; mais, qu'est-ce que cela prouve?... Quand un homme dit d'une femme qu'il ne l'aime plus, c'est justement parce qu'il en est fou...

PAQUERETTE. Enfin, que me veut-il?

LÉOPARD. Je vous trouve magnifique, par exemple!... il veut, il veut... il voit qu'il y a du louche dans votre existence, ça le turlupine, son imagination travaille, son cœur bat la générale et sa raison la campagne. Il veut avoir avec vous... une explication, dans laquelle vous lui apprendrez tout ce qu'il ignore...

PAQUERETTE, vivement [*]. Jamais!... Est-ce que vous lui avez dit quelque chose de ce que vous savez?

LÉOPARD. Moi?... il n'y a pas de danger... Ce matin, à cinq heures, il est venu me réveiller.

PAQUERETTE. A cinq heures du matin, il ne dort pas.

LÉOPARD. Je crois que non, à moins que ce soit le jour, en faisant ses courses...

PAQUERETTE. Et qu'est-il venu vous dire?

LÉOPARD. Des bêtises... comme un homme jaloux en dit.. Ne se figure-t-il pas que vous l'avez sacrifié pour moi.

PAQUERETTE, riant. Sacrifié, pour vous?

LÉOPARD. Je ne mange pas de ce pain là, quoiqu'il soit bien blanc et bien tendre.

PAQUERETTE. Il m'inquiète! Savez-vous bien qu'il peut en faire une maladie, s'il continue ainsi à se tourmenter?...

LÉOPARD. Son esprit ne cherche que des moyens de vous éprouver, et dimanche, il en avait trouvé un qui m'a valu un fameux bain dans la Marne.

PAQUERETTE. L'histoire des vingt mille francs que vous aviez soi-disant gagnés et pour l'appât desquels je vous avais enlevé...

LÉOPARD. J'ai bu ma goutte; je ne sais nager que dans les endroits où il y a pied...

PAQUERETTE. Pauvre garçon!... Est-ce qu'il vous a vu entrer dans la maison tout à l'heure?

LÉOPARD. Oui.

PAQUERETTE. Il vous a parlé?

LÉOPARD. Il m'a dit quinze mots que voilà : comptez bien, « Dites à mademoiselle Pâquerette que j'ai une nouvelle grave à lui apprendre et que je l'attends. » Vous voyez, ça fait bien quinze. Après quoi, il m'a tourné les talons.

PAQUERETTE. Une nouvelle grave!...

LÉOPARD. Je connais sa nouvelle grave.

PAQUERETTE. Vous la connaissez?

LÉOPARD. Si vous descendiez pour l'écouter, voilà ce qu'il vous dirait : « Pâquerette, justifiez-vous de tous les horribles soupçons qui vous accablent, ou bien...

PAQUERETTE. Ou bien, quoi?

LÉOPARD. Ou bien je vais me tuer! »

[*] Léopard, Pâquerette.

PAQUERETTE, vivement. Se tuer?

LÉOPARD. Ne vous effrayez pas, c'est l'usage... moi qui vous parle, j'ai eu recours à tous les genres de suicides auprès des femmes; je me suis asphyxié... je me suis noyé... je me suis brûlé la cervelle... je me suis empoisonné ; et vous voyez, je ne m'en porte pas plus mal...

PAQUERETTE, désolée. Je vous assure que j'aime Antonin, que je suis digne de tout son amour et que...

LÉOPARD. Je ne dis pas non... il y a tant de manières de voir cette affaire-là.

PAQUERETTE. Hein? Est-ce que vous doutez aussi de moi?

LÉOPARD. Moi!... non, non; non, non, seulement...

PAQUERETTE. Seulement?

LÉOPARD. J'avoue que si j'étais à la veille de me marier et que je vienne à découvrir que ma future est mère d'un bambin qui tète encore, j'ouvrirais l'œil!

PAQUERETTE. Mais si cet enfant était venu...

LÉOPARD. Sous un chou?

PAQUERETTE, à part. Qu'allais-je faire ? (A Léopard.) Vous avez raison, monsieur Léopard ; je suis folle de croire qu'un homme puisse épouser une jeune fille dans ma position !... Je vous remercie de me l'avoir fait comprendre. Revenons au service que j'attends de vous... et si vous le voulez bien, ne parlons plus désormais de M. Antonin, de mes rêves insensés, de mes projets ridicules... (Elle fond en larmes.)

LÉOPARD, à part. Elle pleure!... (Haut.) Comment, je vous fais pleurer !... (A part.) Je fais de la belle besogne. Ah! si la belle Irma arrivait, c'est pour le coup qu'elle modifierait la récompense que j'attends d'elle... (Voyons, séchez ces jolis yeux-là... et dites-moi ce qu'il faut faire pour vous être agréable.

PAQUERETTE, s'essuyant les yeux. Voici un mot que j'ai préparé à tout hasard pour le médecin chez lequel est mon cher petit Léon.

LÉOPARD. Bon... il faut porter ce mot...

PAQUERETTE. Et me rapporter l'enfant.

LÉOPARD. Je rapporterai l'enfant.

PAQUERETTE. Ai-je besoin de vous prier d'agir avec autant d'égards que de discrétion ?

LÉOPARD. Ne craignez rien... Le ciel m'avait fait pour être mère !

PAQUERETTE. Si je vous charge de cette mission délicate, mon bon Léopard, c'est que je suis persuadée de votre dévoûment... si j'allais moi-même chez ce médecin, on me suivrait, on m'épierait... Grâce à vous, je ne sortirai pas, et personne ne pénétrera mon secret.

LÉOPARD. Fiez-vous à moi. (Il regarde par la fenêtre.) Il est encore là.

PAQUERETTE. Comme vous passerez devant la demeure d'Irma, entrez-y donc la prier de venir me voir... je voudrais lui parler.

LÉOPARD. Chez elle... comment donc... avec plaisir. En route, je chercherai une galanterie à ma manière. (Irma paraît.) Mais la voilà ? Ah! elle est trop belle, ça devrait être défendu d'être aussi belle que ça.

SCÈNE II

LES MÊMES, IRMA[*].

IRMA, à Pâquerette. Bonjour ! je craignais que tu sois à la recherche d'une nourrice nouvelle, j'avais peur de ne pas te rencontrer... (A Léopard en lui tendant la main.) Bonjour, ami !

LÉOPARD, qui saisit la main d'Irma et l'embrasse. Ami !... elle m'a appelé ami !... (Second baiser.)

IRMA. Et où allez-vous de ce pas?

LÉOPARD, avec malice. C'est le secret de mademoiselle Pâquerette, et je ne puis...

IRMA, lui donnant une petite tape sur la joue. A la bonne heure!... J'espère que je l'ai bien formé... C'est gentil, ça !

LÉOPARD, bas. Avez-vous pensé à... déterminer la récompense que vous m'avez promise ?

IRMA. Oui... c'est fait. (Avec minauderie.) Mais c'est encore mon secret !

LÉOPARD, radieux. Quel doux regard !...

PAQUERETTE. Monsieur Léopard, le temps presse !

LÉOPARD. C'est juste, je file... Je ne fais qu'un saut...

IRMA, à part, en riant. C'est son état normal !

LÉOPARD.

AIR : du Caïd.

Je file sans retard,
Chez le docteur, je me transporte
Eh bientôt je rapporte
En catimini le moutard!

[*] Léopard, Irma, Pâquerette.

SCÈNE III

PAQUERETTE, IRMA[*], elles vont s'asseoir près de la table à droite.

IRMA. Et maintenant, quoi de neuf ?

PAQUERETTE. Je suis un peu rassurée... Le médecin espère beaucoup ; il veut que Léon retourne à la campagne, j'ai trouvé la nourrice qu'il lui faut.

IRMA. Loin ?

PAQUERETTE. A Bougival.

IRMA. A côté de moi, bravo !

PAQUERETTE. Aujourd'hui, je le garderai toute la journée; demain à la première heure, j'irai seule le porter à sa nouvelle nourrice : elle m'a promis d'en avoir bien soin... J'ai pris sur elle les meilleurs renseignements... Je serai tranquille !

IRMA. Je te le souhaite !

PAQUERETTE. Ah! ma chère amie, depuis avant-hier, que de craintes, que d'ennuis j'ai endurés.

IRMA. Tu as pleuré !

PAQUERETTE. Un peu... mais qu'est-ce que cela fait, songe donc que je pouvais le perdre d'un moment à l'autre... j'en serais morte à mon tour.

IRMA. Toutes les mères disent cela... Il est vrai que toi, tu n'es pas pour Léon une mère ordinaire... ah çà ! dis-moi, l'autre jour, j'ai eu avec M. Antonin une longue conversation à propos de toi.

PAQUERETTE. Ah !

IRMA. Il est jaloux comme un chat maigre... il sent bien qu'il y a quelque chose qui n'est pas clair dans ta vie, et ses soupçons dépassent la réalité... il devient parfois injuste envers toi.

PAQUERETTE. Je te l'ai avoué, je l'aime beaucoup, j'aurais été fière de devenir sa femme si cela eût été possible ; mais je renonce à ce beau rêve... Je ne veux plus me marier, tu lui diras... (Elle se lève.)

IRMA. Je ne lui dirai pas cela.

PAQUERETTE. Alors, je le lui dirai moi-même.

IRMA, se levant aussi, et venant en scène. Pas davantage, d'autant mieux que tu ne penses pas un mot de ce que tu dis.

PAQUERETTE. Comment ?

IRMA. Tu es ennuyée, tourmentée, tu n'as plus la force de lutter contre les méchantes langues qui te calomnient. Alors, tu prends un parti désespéré; après avoir fait abnégation depuis six mois de ta liberté, de ton indépendance, après t'être imposée des privations sans nombre, aujourd'hui, tu veux sacrifier ton bonheur, ton avenir, comme tu as fait de tout le reste, je m'y oppose !... Il est bon d'aimer, de se dévouer, de se sacrifier, mais un instant, il faut des limites au bien, comme à toute autre chose. Tu épouseras M. Antonin, parce que vous êtes faits l'un pour l'autre... tu n'as rien à lui reprocher et lui pas davantage, seulement les apparences sont contre toi. Tu vas faire ce que je vais te dire... Tu vas tout lui avouer.

PAQUERETTE. Y penses-tu ?... cela est impossible !... j'ai juré à Marie que tant que mon oncle existerait...

IRMA. Son père... achève.

PAQUERETTE, après une pause[**]. Non, je ne dirai rien.

IRMA. Pas même à moi...

PAQUERETTE. Pas même à toi...

IRMA. Ne sais-je pas que cet enfant... n'est pas le tien... qu'il est celui de ta cousine, la fille de M. Borniche.

PAQUERETTE. Tu sais tout ; mais ce n'est pas moi qui te l'ai appris.

IRMA. Sans aucun doute, puisqu'à l'époque de la naissance de cet enfant et de la mort de sa mère, je ne te quittais pas, Marie, toi et moi ne faisions qu'une... à nous trois...

PAQUERETTE[***]. Seulement, tu ignores quel est le père de Léon.

IRMA. Quand tu me l'auras fait connaître, crois-tu que je serai plus indiscrète que je l'ai été jusqu'à présent ?

PAQUERETTE, suppliante. Ma chère amie, ma chère sœur, ne me force pas à te refuser ce que tu me demandes ; il y va de la vie ou de la mort d'un homme... il y va du serment que j'ai fait au chevet d'une mourante. Pardonne-moi, mais n'exige rien de plus, tu ne peux en savoir davantage.

IRMA. Soit... puisqu'il le faut.

PAQUERETTE. Est-ce que tu m'en voudras ?

IRMA, qui l'embrasse. Est-ce possible ?... Une sainte comme toi... n'a pour ennemis que des envieux et des imbéciles... et je ne suis, Dieu merci, ni imbécile ni envieuse... puisque tu le veux, nous ne parlerons plus de ce gros secret.

[*] Pâquerette, Irma.
[**] Irma, Pâquerette.
[***] Pâquerette, Irma.

PAQUERETTE. Que tu es bonne, et que je te remercie!...

IRMA, changeant de ton. En venant te voir, j'ai profité de ce que j'étais seule pour entrer chez madame Edmond.

PAQUERETTE. On s'y demande pourquoi je n'ai pas reparu depuis avant-hier ?...

IRMA. Elle te congédie.

PAQUERETTE. Cela m'est bien égal !

IRMA. Elle m'a priée de te remettre les quinze francs qu'elle dit être le reliquat de ses comptes avec toi.

PAQUERETTE. Qu'ils soient les bienvenus... Je suis justement gênée ! (Elle porte les quinze francs dans sa commode *.)

IRMA, étonnée. Toi?...

PAQUERETTE. Oui !... moi... cela t'étonne?

IRMA. Pourquoi me mens-tu?

PAQUERETTE. Mais je t'assure que...

IRMA. Et le billet de banque de mille francs que tu as reçu de Quimperlé samedi soir ?...

PAQUERETTE. Comment, tu sais?...

IRMA. Sais-tu qui te l'a envoyé?

PAQUERETTE. Je l'ignore; mais à aucun prix je ne saurais toucher à cet argent; il est là, sous clef...

IRMA. C'est encore une épreuve de M. Antonin... il voulait juger par lui-même de ton bon cœur... Il s'est dit gêné le jour où tu as reçu le billet, et il paraîtrait que malgré cette bonne fortune qui t'arrivait tout à coup, tu ne lui as pas offert de lui venir en aide; ça l'a beaucoup peiné.

PAQUERETTE. Ah! c'était de lui... De quel droit s'autorisait-il donc pour m'exposer à ses piéges?... Non, certes, je ne lui ai pas offert d'argent, d'abord parce que je ne savais pas de qui me venait celui qu'il osait m'envoyer sous un faux nom, ensuite, parce qu'il m'eût semblé ridicule qu'un homme honorable empruntât ou acceptât de l'argent d'une femme... Dans quel monde voit-on cela?... Ah! je m'étonne que M. Antonin ait eu cette pensée. Eh bien, il recevra ce billet aujourd'hui même.

IRMA. Un homme vraiment amoureux est toujours bête. Ne t'étonne donc pas et pardonne, c'est ce que tu as de mieux à faire. (On frappe.)

SCÈNE IV

LES MÊMES, ANTONIN **.

PAQUERETTE. On a frappé.

IRMA. Va ouvrir.

PAQUERETTE va ouvrir; Antonin paraît sur le seuil de la porte. Comme effrayée Ah !

IRMA. M. Antonin.

ANTONIN, contraint, embarrassé. Pardonnez-moi... mesdemoiselles, si je suis importun... je...

IRMA, allant lui prendre la main. Entrez, monsieur...

ANTONIN, qui entre. Mademoiselle Pâquerette va sans doute m'en vouloir d'oser me présenter chez elle malgré sa défense.

PAQUERETTE. A quel motif me faut-il attribuer votre visite, monsieur?

ANTONIN ***. Hier soir, j'ai appris dans la blanchisserie de madame Edmond une nouvelle assez importante pour vous. Ce matin, j'ai voulu être le premier à vous la faire connaître.

IRMA, bas à Pâquerette. Il a l'air bien peiné, bien mal à son aise... pauvre garçon!

PAQUERETTE. Je vous sais gré de votre bonne intention, monsieur.

IRMA. Et cette nouvelle, quelle est-elle?

ANTONIN. M. Borniche est ici depuis hier matin.

PAQUERETTE, vivement. Mon oncle est ici?...

ANTONIN. Oui, mademoiselle.

IRMA. C'est bien l'heure de le recevoir!

PAQUERETTE, à elle-même. Tout est perdu !

ANTONIN. Il a déjà vu madame Edmond... Je ne sais trop ce qu'elle a pu lui dire, je sais seulement par ces demoiselles de l'atelier qu'il est furieux contre vous.

PAQUERETTE. Contre moi... Je n'ai rien à craindre pour mon compte. (A part.) Mais lui... que vais-je faire?... Quel moyen prendre?... Tout se réunit pour m'accabler ****.

IRMA. Voyons, voyons, il ne s'agit pas de se désespérer; il faut remédier au mal ou au danger. (A Pâquerette.) Que crains-tu?

PAQUERETTE. Tout de mon oncle.

IRMA. Pour toi?

PAQUERETTE. Non... mais...

IRMA. Mais pour qui?

PAQUERETTE, tombe désolée sur une chaise près de la table. S'il s'aperçoit de quelque chose, il voudra tout savoir, tout connaître, et alors...

IRMA. Mais parle donc!... et alors?...

PAQUERETTE. Alors il n'aura plus la force de contenir sa colère, je ne sais pas où il s'arrêtera!

IRMA. J'avoue que je commence moi-même à me monter... à me fâcher... Je suis ton amie... ta seule amie, et tu as pour moi des secrets étranges, en vérité. Pâquerette, c'est mal, car enfin, si je savais ce que tu redoutes, peut-être pourrais-je y remédier, prévenir les conséquences qui t'effrayent. (Elle remonte un peu.)

ANTONIN *, s'approchant de Pâquerette. Mademoiselle Pâquerette, les événements nous ont séparés, et aujourd'hui je ne songe plus comme autrefois à devenir votre mari; mais mon amitié vous est restée tout entière, et si mon dévouement peut vous être bon à quelque chose, soyez certaine qu'il est à vous, malgré...

PAQUERETTE. Malgré quoi, monsieur?

ANTONIN. Malgré... mes soupçons, malgré les apparences qui ont détruit nos projets.

PAQUERETTE, va à la commode, l'ouvre, et en sort un billet de banque **. Monsieur Antonin, voici les mille francs que vous m'avez adressés sous un nom qui n'est pas le vôtre... Je vous tiens pour un honnête homme, je vous estime; mais je crois que désormais il est nécessaire, il est urgent pour vous et pour moi que nous cessions complétement de nous voir... Je vous remercie de la nouvelle que vous venez de m'apporter! (Elle le salue.)

ANTONIN. Quoi!... vous savez?...

PAQUERETTE. Je sais que, doutant de mon cœur, doutant de ma sincérité, vous n'avez pas craint de m'offenser en m'exposant à je ne sais quelle ruse de votre imagination... Vous avez cru devoir proportionner votre affection, votre confiance en moi, à la réponse que je vous ai faite au sujet de votre gêne d'argent, la veille de la partie de Nogent... J'ai trouvé cette ruse, vos prétentions à cet endroit et les conséquences qui en sont résultées, indignes de ma colère... J'ai plaint celui qui en a eu l'idée, voilà tout... Reprenez donc ces mille francs, monsieur.

ANTONIN, qui a repris le billet. Pâquerette, depuis ce matin je suis là devant votre demeure... J'attendais que vous passiez pour vous parler, pour vous dire : L'amour n'a pas de raison, il ne voit pas les choses telles qu'elles sont. Si j'ai pu vous offenser, vous soupçonner, vous accuser même, je vous en demande pardon. Oui, vous êtes innocente, j'en suis persuadé. Pâquerette, ma bien-aimée, ma femme, pardonnez-moi.

AIR *des vingt sous de Périnette.*

Oui, j'étais fou, j'en conviens,
Suis-je donc impardonnable,
Et dois-je être responsable
De torts qui n' sont pas les miens;
De moi, que pouvez-vous craindre,
  Dissipez votre frayeur,
Les pauvres fous sont à plaindre,
Et vous avez si bon cœur !
Oui, vous pouvez rendre complète
En ce moment ma guérison :
Un seul regard de Pâquerette
Pourra me rendre la raison !

PAQUERETTE, s'éloignant de lui. Ce que vous me demandez est impossible!

ANTONIN. Impossible ?

IRMA ***. Ta! ta! ta! Les amoureux se ressemblent tous, à peine se sont-ils vus une première fois qu'ils s'aiment; ils roucoulent l'un près de l'autre, ils ne mangent plus, ils sont malades!... Bien heureux quand ils ne sont pas abrutis par leur amour!... Un nuage passe dans leur bonheur, les voilà furieux, indignés, désespérés!... ils s'en veulent à la mort!... C'est fini!... Le notaire a déchiré le projet de mariage... Rendez-moi mes protestations, dit l'un... Rendez-moi mes soupirs, dit l'autre!... L'amour fait ses malles, il les charge sur ses petites épaules... et le voilà parti!... Adieu pour toujours, dit Jules... Adieu pour la vie, dit Rose... et Jules est parti, il descend les escaliers à pas précipités, puis à pas comptés, puis il s'arrête tout à coup... Il a oublié quelque chose chez la cruelle... c'est un petit morceau de son cœur qu'elle a à lui et qu'elle ne lui a pas rendu... Diable! cela ne fait pas son compte, et il remonte;

* Irma, Antonin, Pâquerette.
** Irma, Pâquerette, Antonin.
*** Pâquerette, Irma, Antonin.

* Irma, Pâquerette.
** Irma, Antonin, Pâquerette.
*** Antonin, Pâquerette, Irma.
**** Antonin, Irma, Pâquerette.

il frappe!... il sonne!... On ouvre. Rose paraît; elle est fière et dédaigneuse... impassible et calme!... C'est qu'elle a eu le temps d'essuyer ses beaux yeux remplis de larmes... Jules demande le petit morceau de son cœur oublié dans la scène des restitutions... Rose consent à le rendre... mais contre le sien... Celui-ci s'y refuse. Alors on discute, on s'explique. On avait raison tous les deux; dans cette tempête, un malentendu seul a cassé les vitres de l'édifice; l'amour les remplace bien vite, et il n'y paraît plus. Monsieur Antonin, vous êtes acquitté; tâchez de vous servir le plus longtemps possible de ce dernier pardon, car je ne serai pas toujours là pour vous venir en aide...

PAQUERETTE, à part, à Irma. Mais je t'assure que...

IRMA, de même. Ne fais donc pas ta guirlande; il t'aime à en devenir fou !... (Elle prend la main de Pâquerette et la glisse dans celle d'Antonin.) Je vous rapproche et je vous bénis.

ANTONIN *. Pâquerette, me pardonnez-vous?

IRMA. Puisque je vous dis que oui.

PAQUERETTE. A une condition?

ANTONIN. J'y souscris d'avance.

IRMA. Vous allez dire une bêtise... Vous vous ferez des serments devant M. le maire quand le grand jour sera venu... Jusque-là... ne garantissez rien... Qui sait, peut-être que dans une heure, dans une seconde, vous allez vous brouiller encore.

ANTONIN. Je vous promets que non et je m'y engage !

PAQUERETTE. Ce serait affreux! (Antonin embrasse les mains de Pâquerette.)

ANTONIN. Je vous jure que désormais je n'aurai plus aucun soupçon.

PAQUERETTE, tendrement. Je veux vous croire.

IRMA. Maintenant, avisons en ce qui touche l'oncle Borniche !

ANTONIN. Que faut-il que je fasse?

PAQUERETTE **. Je l'avais oublié.

IRMA, cherchant. Voyons donc, voyons donc !...

SCÈNE V

LES MÊMES, LÉOPARD, il entre précipitamment tenant sa boîte avec précaution.

LÉOPARD ***. Voilà le petit!

PAQUERETTE. Lui!

IRMA. Patatra !

ANTONIN, très-surpris. Le petit !...

LÉOPARD, embarrassé. Bigre ! je viens de me mettre le doigt dans l'œil.

ANTONIN, à Pâquerette. Que veut-il dire?

PAQUERETTE, troublée. Je ne sais... je...

LÉOPARD, bas à Irma. J'ai fait quatre trous au couvercle de ma boîte; il est dedans, couché sur de la ouate... Il est adorable! (Il pose la boîte sur la table.)

IRMA, de même. Vous êtes un imbécile ****!... (Elle remonte.)

ANTONIN, de plus en plus surpris. Quelle étrange figure vous avez tous !... (A Léopard.) Qu'entendez-vous par : « le petit ***** ? »

PAQUERETTE, vivement. Rien... rien !... (Elle court à la boîte******.)

IRMA, bas à Antonin. Prenez garde à votre serment de tout à l'heure... Je crois que vous allez déjà y faillir!

PAQUERETTE, qui a pris la boîte et va l'emporter dans la chambre voisine. Irma, viens avec moi... (Elle se dispose à sortir, Antonin l'arrête.)

ANTONIN. Un mot, je vous prie! (Un cri d'enfant s'échappe de la boîte.)

PAQUERETTE. Tout est perdu!

LÉOPARD. Allons, bon !

IRMA. Ça y est!

ANTONIN, découvrant la boîte, avec surprise. Un enfant! (Scène muette avec musique.)

ANTONIN, après une pause, regarde Pâquerette qui ne sait quelle contenance tenir. Revenant à Léopard. Je vous somme de me répondre... A qui est cet enfant?

LÉOPARD, effrayé. Hein !

IRMA, bas à Léopard ******. Dites qu'il est à vous... c'est le seul moyen d'en sortir. (Elle remonte et va près de Pâquerette.)

ANTONIN, exaspéré, à Léopard. Mais répondrez-vous ?...

* Pâquerette, Antonin, Irma.
** Antonin, Pâquerette, Irma.
*** Antonin, Pâquerette, Léopard, Irma.
**** Antonin, Pâquerette, Irma, Léopard.
***** Pâquerette, Irma, Antonin, Léopard.
****** Irma, Antonin, Léopard, Pâquerette.
******* Léopard, Antonin, Irma, Pâquerette.

LÉOPARD, très-ému *. Il est... il est à moi. (Ici Maxime paraît sur le seuil de la porte.)

SCÈNE VI
LES MÊMES, MAXIME.

MAXIME **. Ah ! je vous retrouve, chère... Eh mais, voilà un singulier chapeau dans la boîte de M. Léopard. (Pâquerette a emporté la boîte à droite.)

ANTONIN. Sa mère, quelle est-elle?

LÉOPARD. C'est mon secret.

ANTONIN. Vous la nommerez, car je saurai bien vous y contraindre.

LÉOPARD. Vous me faites mal, lâchez-moi donc!

ANTONIN. Répondras-tu? quelle est sa mère?

IRMA. Sa mère ?... monsieur... c'est moi !

TOUS. Que dit-elle?

ANTONIN, à part. *** Je suis trompé !... (A Léopard à mi-voix.) Vous m'avez menti, monsieur !

LÉOPARD. Moi !

ANTONIN. Vous! (Il remonte un peu au fond, désespéré.)

MAXIME, amenant Irma sur le devant de la scène. Ai-je bien entendu ? la mère de cet enfant ?...

IRMA. C'est moi ! vous aviez bien entendu !

MAXIME, à Irma. Pardon... vous croyez que les choses se passeront ainsi ?

IRMA. Sans aucun doute ; qu'espérez-vous donc faire pour qu'il en soit autrement ?

MAXIME. Et quel est le père ?

LÉOPARD, à Maxime. Le père ? (A part.) Soyons dévoué. (Haut.) C'est moi, monsieur !

MAXIME. Vous ?... (Il le lorgne.) Alors, demain matin, à cinq heures, je logerai une balle dans votre tête... (A Irma.) Quant à vous, madame, ce soir, après les courses, je vous retrouverai à l'hôtel.

IRMA. Je vous y attendrai !

PAQUERETTE, qui rentre. Messieurs, je désire rester seule chez moi *** ?

ANTONIN. Je me retire, mademoiselle. (A Léopard.) Il faut que je vous parle, descendez !

MAXIME, bas à Léopard. Suivez-moi, j'ai à vous parler.

IRMA, bas à Pâquerette. Ne t'effraye pas, tout cela s'arrangera.

LÉOPARD, au public. S'ils me touchent dans la rue, je les ferai flanquer au poste !

Air de galop.

ANTONIN et MAXIME.
Vous allez, sur cette affaire,
Vous expliquer avec nous;
Vous n'oublierez pas, j'espère,
Notre rendez-vous!
LÉOPARD, à part.
En avant, je file,
Et si l'un d'eux me poursuit,
Près d'un sergent d' ville
Je cherche un appui!

(Parlé.) Messieurs je vous suis ! (Il se sauve en courant.)

REPRISE DE L'ENSEMBLE.

(Les hommes sortent.)

SCÈNE VII

PAQUERETTE, IRMA *****. Elles se regardent toutes deux.

IRMA. Comment la trouves-tu ?

PAQUERETTE. Ah! c'est affreux !

IRMA. Ça n'est pas tout rose que d'être mère... Si encore tu en avais eu tous les profits !

PAQUERETTE. Peux-tu rire dans un pareil moment!

IRMA. Je ris dans tous les moments, moi...

PAQUERETTE. Que va-t-il arriver ?... et toi... M. Maxime, que lui diras-tu ?

IRMA. Ne t'occupe pas de cela.

PAQUERETTE. Et le pauvre Léopard, ils sont capables de le tuer en duel!

IRMA. Tu es folle... Est-ce que Léopard se bat ?

PAQUERETTE. Je sens que mes forces m'abandonnent, je ne pourrai plus lutter... Je vais quitter Paris; il faut que je parte bien loin.

IRMA. Tu déraisonnes. Écoute, maintenant qu'ils sont partis, je sors.

PAQUERETTE. Tu me quittes ?

* Léopard, Antonin, Irma, Pâquerette.
** Léopard, Antonin, Maxime, Irma, Pâquerette.
*** Antonin, Léopard, Maxime, Irma.
**** Antonin, Léopard, Maxime, Pâquerette, Irma.
***** Irma, Pâquerette.

IRMA. Je vais chercher une voiture moi-même. J'irai ensuite porter Léon à sa nourrice; tu m'en donneras l'adresse. Toi, pendant ce temps, tu te reposeras en attendant la visite de l'oncle Borniche.

PAQUERETTE. Et Antonin ?

IRMA. Il soupçonne, il suppose... c'est son état depuis qu'il te courtise, mais il ne sait rien encore... et puis, ne songe pas à lui... je m'en charge... Allons?... (Elle embrasse Pâquerette.) Soyez sage, mademoiselle, je le veux, je reviens tout de suite.

ENSEMBLE.

AIR : *Charmant costume.* (Domino noir.)

Va, prends courage,
Un peu d'orage,
Enfant, sera bientôt passé ;
Ton sacrifice,
Et c'est justice,
Crois-moi, sera récompensé !

(Irma sort.)

SCÈNE VIII

PAQUERETTE, seule. Quelle journée ! que d'ennuis et d'angoisses... Mon oncle à Paris... s'il arrivait en ce moment, s'il trouvait Léon ici... sans aucun doute, il m'interrogerait... Que lui dirais-je? qu'imaginerais-je? Je l'ignore !... et cependant, je ne pourrais lui dire que cet enfant est le mien. (Elle entr'ouvre la porte de la chambre où l'enfant repose.) Pauvre petit innocent qui n'a plus de mère... et dont le père ne peut se faire connaître que sous peine d'exposer sa vie ! (Regardant l'enfant.) Comme il a l'air souffrant ! cher ange ! (Elle sort.)

SCÈNE IX

GARNIER, seul, en tenue de sous-officier. A peine Pâquerette a-t-elle disparu, que Garnier frappe à la porte du fond, musique de scène. Mademoiselle Pâquerette s'il vous plaît... personne !... Tiens !... tiens... tiens !... c'est gentil !... c'est grisette en diable, ici... Là le jardin à Jenny l'ouvrière... ici la cheminée des entretiens du soir... après le bal... sur cette commode, des souvenirs d'amour en porcelaine... le long des murs, des tableaux gagnés à la rouge et à la noire... C'est le palais du je m'en fiche, ici !... Cristi, ça rajeunit un grenier de grisette aussi gentil... aussi Béranger !...

RONDEAU.

Oui, voilà bien de la grisette
Le logis modeste et coquet,
Voilà le temple de Musette
La déesse en petit bonnet.

Nulle dorure n'y scintille,
Point de miroir vénitien,
C'est par la propreté que brille
Ce gai séjour orné... de rien.

Ces frais tableaux de nos grands maîtres
N'ont pas emprunté le burin ;
Des amours naïfs et champêtres,
Tenez... Estelle et Némorin.

On ne voit point sur l'étagère,
Bib'lots de Chine ou du Pérou ;
Mais une tasse, un simple verre,
Gagnés à la foire à Saint-Cloud.

Puis l'industrie américaine,
Machine à coudre, objet nouveau,
Ce meuble qu'on gagne à grand' peine,
Dé l'ouvrière est le piano !

Enfin, grimpant à la fenêtre,
Capucines, volubilis ;
Bref, il n'y manque rien pour être
Un véritable paradis !

Point de somptueuse tenture,
Et pour abriter ce palais
Contre le soleil, la nature
D'un rideau vert se met en frais !

Puisse les sceptiques m'entendre,
Je préfèr', dût-on me railler,
Au trop coupable passandre,
Ce simple et vertueux noyer.

Allons, la demeure est gentille,
La maîtresse doit l'être aussi,
Et l'on sent qu'une honnête fille,
Bien sûr, doit demeurer ici !

(Appelant.) Y a-t-il quelqu'un ici... personne ne répond !... A la cantine, s'il vous-plaît ?

SCÈNE X

GARNIER, PAQUERETTE [*].

PAQUERETTE, sur le seuil de la porte à droite. Que demandez-vous, monsieur ?

GARNIER, un peu embarrassé. Excusez-moi, je vous prie, je cherche une demoiselle et je trouve un ange... je vois que je suis monté trop haut... (A part.) Quelle jolie petite femme, sacrebleu !

PAQUERETTE. Comment se nomme celle que vous cherchez, monsieur ?

GARNIER. Pâquerette !

PAQUERETTE. C'est moi, monsieur !

GARNIER. En ce cas, mademoiselle, permettez-moi de me présenter : Philippe Garnier, enfant de Paris, vingt-huit ans, autrefois sculpteur, aujourd'hui sous-officier ; après sept ans de service sous les drapeaux de mon pays, je rentre sous le toit paternel, qui, Dieu merci, est encore tel que je l'ai quitté...

PAQUERETTE. D'où venez-vous donc, monsieur ?

GARNIER. Du Mexique !... mademoiselle.

PAQUERETTE. Du Mexique !... mais alors vous connaissez ?...

GARNIER. Gustave Brémont !...

PAQUERETTE. Mon frère...

GARNIER. C'est de sa part que je viens.

PAQUERETTE. Est-ce qu'il lui est arrivé ?...

GARNIER. Il se porte comme un pont... il est bon, brave... Le colonel l'aime comme son propre fils, et j'étais fier, au régiment, d'être connu pour son plus intime ami.

PAQUERETTE. Comment, monsieur, vous connaissez mon frère, et y a-t-il longtemps que vous l'avez quitté ?

GARNIER. Il y a aujourd'hui cinquante-sept jours.

PAQUERETTE. Pensez-vous qu'il reviendra bientôt ?

GARNIER. Ça dépend, cela, mademoiselle.

PAQUERETTE. Que de fois j'ai pensé à lui !

GARNIER. Et lui... et nous donc !... car sans vous avoir jamais vue, je vous connaissais parfaitement.

PAQUERETTE. Comment cela ?

GARNIER. Dans nos causeries du soir, nous ne parlions que de vous... Gustave dessine comme celui qui l'a inventé... il a fait de mémoire un délicieux portrait de sa jolie sœur, et quand il me racontait son bonheur de jadis, ses chagrins, ses peines, car il en a eu aussi...

PAQUERETTE. Cher Gustave !

GARNIER. Votre portrait était toujours là, sur une chaise, entre nous deux.

PAQUERETTE. Bon frère !

GARNIER. Par exemple, nous ne nous gênions pas trop devant vous, mademoiselle. On fumait des pipes grandes comme des urnes, on buvait du genièvre, on chantait : Jamais vous ne vous êtes plaint ; et Gustave me disait : Cela n'a rien d'étonnant, elle est aussi indulgente qu'elle est bonne. Alors, mademoiselle, je vous ai bien vite aimée.

PAQUERETTE. Monsieur Garnier, permettez-moi de vous tendre la main ?

GARNIER. Comment donc ?... avec la plus vive joie ! (Il embrasse la main de Pâquerette.) Comme étant de la famille... ce n'est pas déplacé, n'est-ce pas ?

PAQUERETTE. Au contraire.

LA VOIX D'ANTONIN, en dehors. Encore un étage, monsieur Borniche, et nous y sommes.

PAQUERETTE, vivement. Mon oncle !... ciel !... lui !...

GARNIER. Qu'avez-vous donc ?

PAQUERETTE. Avec Antonin !... Ah ! voilà mes tourments qui recommencent !...

GARNIER. J'oubliais de vous remettre la lettre qui m'amène.

BORNICHE, au dehors. Sacrebleu !... c'est haut, tout de même !

ANTONIN. Plus que quinze marches et vous êtes au port.

PAQUERETTE, à Garnier. Monsieur... monsieur, voilà mon oncle !

GARNIER. Le papa Borniche !...

PAQUERETTE. Lui-même... Tenez, entrez là, par grâce, et n'en sortez que quand je vous appellerai... (Elle le fait entrer à droite. Antonin paraît, Pâquerette pousse la porte, Garnier n'a pas été vu.) Il était temps !

SCÈNE XI

LES MÊMES, ANTONIN, BORNICHE.

BORNICHE, [**] entrant, sans voir Pâquerette. Nous y voilà... ce n'est pas sans peine ! (A Antonin.) Si je ne vous avais ren-

[*] Garnier, Pâquerette.
[**] Antonin, Borniche, Pâquerette.

contré, si vous n'aviez pas eu l'obligeance de me guider, je chercherais encore. Quel labyrinthe que ce Paris... ce n'est pas ainsi à Quimperlé !

PAQUERETTE, allant à lui. Bonjour, mon oncle !

BORNICHE. Ah ! ah ! vous voilà, vous ?

PAQUERETTE. Comment, vous ? C'est ainsi que vous m'accueillez ?...

BORNICHE. Je vous accueille comme vous le méritez. (A Antonin.) J'en fais juge monsieur Antonin.

ANTONIN. Permettez-moi de ne pas me prononcer.

BORNICHE. Croyant trouver ma nièce satisfaite de la position qu'elle s'était faite par le travail, j'arrivais le cœur content pour la surprendre à ma manière. Je savais qu'un brave et honnête garçon la recherchait pour en faire sa femme, j'avais mon idée ; je voulais la doter, pour qu'elle fût heureuse, quand, à mon arrivée, j'apprends que ma nièce est devenue une petite... dissimulée, une hypocrite qui nourrit en secret des projets qui feraient rougir toutes les filles honnêtes. J'apprends par la maîtresse de la maison dans laquelle elle occupait un emploi qui voilait encore son inconduite, qu'elle a été remerciée, chassée, et quand j'arrive chez elle, je la trouve étonnée, surprise de ma froideur.

PAQUERETTE. Je ne sais ce que vous voulez dire, mon oncle.

BORNICHE. Vous mentez, mademoiselle. Était-ce donc là l'exemple que vous donnait Marie, ma pauvre fille ; elle est morte sage et pure, honnête et digne de toutes les affections, celle-là. Elle aurait préféré cent fois la misère à la honte.

PAQUERETTE, à part. Pauvre père !... comme il l'aime... O jamais il ne saura... non... je préfère me perdre !...

ANTONIN. Monsieur Borniche, si mademoiselle Pâquerette a des secrets pour ses amis, cela ne prouve pas qu'elle en a pour vous, et je suis certain que tout ce qu'elle n'a pas voulu m'avouer à moi, elle l'avouera à son oncle, d'autant mieux qu'il lui tient lieu de père, et qu'à ce titre...

PAQUERETTE. Vous vous trompez, monsieur, je n'ai rien de plus à dire à mon oncle qu'à vous, je suis innocente de toutes les accusations qui s'élèvent contre moi, mais je ne puis en dire davantage.

BORNICHE. Très-bien ! Alors il ne me reste plus qu'à me retirer.

PAQUERETTE. Mon oncle, de grâce, je vous en conjure, croyez-moi !

BORNICHE, près de la porte du fond. Votre frère, lui-même, ce pauvre Gustave, s'était aperçu de votre inconduite ; il a préféré s'engager plutôt que d'être témoin de votre déshonneur.

PAQUERETTE. Calmez-vous, mon cher oncle. (Garnier paraît.)

SCÈNE XII
LES MÊMES, GARNIER.

BORNICHE et ANTONIN. Un militaire !

GARNIER. Dites donc... le petit citoyen s'impatiente... et je n'y connais rien, moi...

BORNICHE. Monsieur, qui vous a amené ici ?

GARNIER, surpris. Qui ?... mais cette lettre que j'apporte.

PAQUERETTE, bas. Le malheureux ! (Haut.) Cette lettre est pour moi, mon oncle. (Elle la prend des mains de Garnier, bas.) Ne parlez pas, ou vous perdez tout le monde. (Elle descend vivement à l'avant-scène de droite.)

BORNICHE, allant à sa nièce. Ma nièce, je veux lire cette lettre.

PAQUERETTE. Cela ne se peut pas, mon oncle.

ANTONIN, à Pâquerette. Mais, il y va de votre honneur.

PAQUERETTE. Je ne permets à personne, monsieur, de me conseiller à cet égard.

BORNICHE, à Garnier. Depuis combien de temps connaissez-vous ma nièce, monsieur ?

GARNIER. Depuis un an, monsieur.

ANTONIN. C'est sans doute le militaire du wagon de Nogent.

IRMA, qui entre. La voiture est en bas donne-moi ton enfant.

BORNICHE et ANTONIN. Son enfant ! (Rideau.)

Borniche, Antonin, Pâquerette.
** Antonin, Borniche, Pâquerette.
*** Antonin, Borniche, Pâquerette, Garnier.
**** Garnier, Antonin, Borniche, Pâquerette.
***** Garnier, Borniche, Antonin, Pâquerette.
****** Garnier, Borniche, Antonin, Irma, Pâquerette.

ACTE QUATRIÈME
A Bougival

Un site ombragé. — On y arrive du fond par un chemin tortueux qui s'élève et se perd dans les frises. Au bord de ce chemin des petits arbres... au bas, un tapis de gazon ; à droite, premier plan, une maison rustique sur le mur de laquelle on lit : *Lolotte, prend les enfants en sevrage, lait chaud à la tasse et à la potée, œufs frais sortant de la poule.* — Porte et fenêtre au rez-de-chaussée. — A gauche, au même plan, maison rustique d'un autre style, avec porte et fenêtre également au rez-de-chaussée. On lit sur le mur : *Blanchisserie de madame Tissot.* Une table rustique et trois siéges près de la maison de droite.

SCÈNE PREMIÈRE
GARNIER, IRMA *.

(Au lever du rideau Paquerette entre chez Lolotte à droite, en faisant aux deux personnages en scène, signe de l'attendre.)

GARNIER. Pauvre mademoiselle Pâquerette... quelle bonté ! quel dévoûment !

IRMA. Ah ! je crains bien qu'elle n'en soit la victime... Aussi, croyez-moi, monsieur Garnier, c'est une bonne action de lui venir en aide dans tous ses embarras, et je suis heureuse que le hasard l'ait conduite en ce pays où j'habite une petite maison que m'a louée Maxime.

GARNIER. Ah ! oui... l'homme à la canne dont vous m'avez parlé ?

IRMA. De cette façon, je pourrai avoir constamment les yeux sur la nourrice et sur l'enfant. Mais, dites-moi, monsieur Garnier, grâce à quelques mots d'explication, vous vous êtes entendu facilement avec l'oncle ?...

GARNIER. Le père Borniche !... nous sommes les meilleurs amis du monde.

IRMA. Il est installé chez la mère Edmond ?...

GARNIER. Oui... elle s'en est emparé, elle le choie, elle le dorlote... En v'là une accapareuse !

IRMA. Et que dit-il de l'aventure chez Pâquerette ?

GARNIER. Il n'en a pas soufflé mot... Il est triste et sombre comme un jour de pluie... et muet comme un hibou au soleil.

IRMA. Et ce pauvre Antonin ?

GARNIER. Ah ! il se désole, il ne sait plus que penser... Je voulais tout lui dire pour le rassurer, mais mademoiselle Pâquerette me l'a positivement défendu... et dame !... un militaire n'a que sa consigne.

IRMA. Le voilà plus exposé que jamais aux tentatives incendiaires de la maîtresse blanchisseuse...

GARNIER. Ne m'en parlez pas... elle fait feu des quatre pieds pour jeter le grapin sur lui... et lui faire faire un petit tour à la mairie.. Il est faible, ce garçon... et par découragement il serait dans le cas de succomber et de rendre les armes.

IRMA. Et vous le laisseriez faire... vous, un brave !... car vous êtes un brave, monsieur Garnier !... (Elle le regarde en souriant.)

GARNIER, frisant sa moustache. C'est selon comme vous l'entendez !

IRMA. Je veux dire que vous n'avez peur de rien.

GARNIER. Ah ! quant à ça... rien ne m'effraie !...

Air : *des louis d'or.*

Gaiment dans plus d'une bataille
Au danger l'on m'a vu courir ;
Vingt fois j'ai bravé la mitraille,
Et j'ai vu la mort sans pâlir ;
Tout ça n'est rien, je vous le jure,
Et je vous le dis entre nous :
Moi je me sens d'une nature
A braver de plus rudes coups.
Oui, d'un courage incomparable,
Je fais preuve, niez-le donc,
Puisqu'aujourd'hui je suis capable,
De courtiser madame Edmond !

Oui, pour sauver Antonin du danger, pour le conserver malgré lui à mademoiselle Pâquerette, qui en est coiffée, quoi qu'elle dise, je me suis dévoué... je fais la cour à la maîtresse blanchisseuse !

IRMA, riant. Vous ?...

GARNIER. Moi !... en v'là du courage... et ça mord... parole d'honneur !...

IRMA, de même. Ça mord ?

* Irma, Garnier.

GARNIER. Mais faudrait pas que ça aille trop loin... c'es^t bon un moment pour plaisanter... mais quant au reste... bigre... arrêtons les frais !

IRMA, le plaisantant. Prenez garde à vous !

SCÈNE II

LES MÊMES, PAQUERETTE, LOLOTTE *.

PAQUERETTE, à Lolotte qui reste sur le seuil. Ayez-en bien soin, je vous en prie, ma bonne Lolotte; je compte sur vous... faites-moi écrire tous les jours... jusqu'à ce qu'il soit complétement rétabli !

LOLOTTE. Oui, ma petite dame, n'ayez crainte, je le soignerons comme si qu'il était à moi, le cher trognon...

PAQUERETTE. Et vous n'aurez pas à vous en plaindre, je vous le promets...

LOLOTTE. Ne parlons donc point de ça... et partez tranquille. (A part.) C'est égal, j'aurais mieux aimé l'autre pour les cadeaux.

PAQUERETTE. Allons, au revoir, ma bonne Lolotte ! (Lolotte rentre.)

IRMA **. Eh bien ! voilà le bébé installé !

PAQUERETTE. Oui... je suis tranquille de ce côté... mais, si tu m'en crois, partons vite...

IRMA. Pourquoi ?

GARNIER. Encore quelque surprise de l'ennemi ?

PAQUERETTE. Je viens d'apprendre par la nourrice, que sa voisine, madame Tissot, une blanchisseuse de ce pays, amie de madame Edmond, l'attend ce matin, avec une nombreuse compagnie, pour passer la journée à Bougival.

GARNIER. Ah çà ! mais... elle nous poursuivra donc partout, cette enragée-là ?

IRMA, à Garnier. Et vous ignorez cela... vous... son adorateur... son amoureux; vous n'êtes pas plus avant dans ses confidences ?...

GARNIER. Le diable m'emporte si j'ai entendu parler de cette partie fine... (Gravement.) On me l'aura cachée... j'ai envie d'être jaloux. (Il rit.)

PAQUERETTE. Vous plaisantez... mais je serais au désespoir de me trouver face à face avec cette femme !

IRMA. Allons, ne crains rien... Le prochain convoi, qui les amènera sans doute, n'arrive pas avant un quart d'heure. Venez tous deux chez moi...

GARNIER. Bonne idée !...

IRMA. Nous déjeunerons à notre aise.

GARNIER. Meilleure idée !

IRMA. Maxime ne doit arriver que pour dîner, nous serons tranquilles !...

GARNIER, réfléchissant. Eh bien, non... je change de batterie, et malgré la perspective séduisante d'un déjeuner avec vous, belle dame !...

IRMA. Ah ! ah ! prenez garde... je le dirai à madame Edmond.

GARNIER. Méchante !... Je reste, et je les attends pour les retenir ici et empêcher qu'ils ne vous voient... Si l'on nous rencontrait ensemble... Ah ben ! les cancans auraient beau jeu !...

IRMA, qui est remontée avec Pâquerette. Ah ! mon Dieu !... n'est-ce pas cet imbécile de Léopard que j'aperçois là-bas ?

GARNIER, remontant aussi et regardant à gauche. Mais oui... c'est lui... chargé comme un baudet...

IRMA. Il doit précéder le reste de la bande.

PAQUERETTE. Allons-nous-en, je t'en prie; je ne veux pas être vue ici.

IRMA. Monsieur Garnier... c'est moi qui vais rester... Accompagnez Pâquerette.

GARNIER ***. Présent, mon commandant !

IRMA. Prenez le petit sentier à gauche... suivez le bord de la rivière, puis vous arriverez à la maison, sur la grande route... la deuxième grille à droite... Allez !

GARNIER. En avant... Voyons, mademoiselle Pâquerette, chassez-moi donc cette vilaine tristesse-là... sapristi !...

AIR des pilules.

Ne voyez pas tout en noir,
En nous ayez bon espoir,
Bientôt tout s'expliquera
Et s'arrangera.

REPRISE.

(Garnier et Pâquerette sortent tout en causant par la droite au dernier plan.)

* Garnier, Irma, Pâquerette, Lolotte.
** Garnier, Irma, Pâquerette.
*** Irma, Garnier, Pâquerette.

SCÈNE III

IRMA, puis LÉOPARD *.

IRMA. Sachons un peu, en faisant jaser cet imbécile, ce qui se passe au sujet de l'oncle Borniche et d'Antonin, et surtout ce qui a pu motiver cette promenade à Bougival. (Elle se retire un peu au fond.)

LÉOPARD entre, il est chargé de paquets de toutes sortes et a un panier au bras. Madame Tissot... qu'ils m'ont dit... ça doit être par ici... V'là deux heures que je trime, que je cours, que je cherche... je suis éreinté... Je suis venu à pied depuis la station, il y a un fameux ruban de queue... Je n'ai pas pu prendre l'omnibus, ils ne m'avaient pas donné d'argent... Voyons... il faut pourtant que je me débarrasse de tous ces bibelots... (Il se retourne et voit Irma.)

IRMA. Vous voilà, vous ?

LÉOPARD, poussant un cri. Ah !... (Il laisse tomber ses paquets.) Ah ! sacristi !... le pâté et le bocal de cornichons... (Il ramasse le tout et le dépose sur un banc près de la maison de gauche.) Vous ici, belle Irma !... (A part.) Je suis embêté qu'elle me voie dans une position ridicule...

IRMA, se croisant les bras. Ah çà ! mais, je vous trouverai donc partout, vous ?

LÉOPARD, ramassant un saucisson qu'il cherche à dissimuler. N'est-ce pas bien naturel ! (Il le fourre dans sa poche.)

IRMA. Ah çà ! décidément, mon cher, la plaisanterie va trop loin et vous commencez à m'ennuyer !...

LÉOPARD, indigné. Vous ennui... ah !...

IRMA. Je ne vous l'envoie pas dire.

LÉOPARD. Mais, Irma...

IRMA. Hein !...

LÉOPARD. Mademoiselle Irma !... cruelle Irma... vous ne vous souvenez donc de rien ?...

AIR du Noël d'Adam.

Mam'zelle Irma, v'là trop longtemps qu' ça dure,
Et d'en finir, le moment est venu,
Comme le pèr' d'un' p'tit' créature,
Publiquement vous n'avez reconnu !
Moi, j' suis tout prêt à réparer ma faute,
Ainsi qu' l'accroc qu' j'ai fait à votre honneur.
Oui, vous pouvez marcher la tête haute,
Pour votre époux, prenez vot' séducteur. (Bis.)

IRMA. Que voulez-vous dire ?

LÉOPARD. N'êtes-vous pas la mère de notre enfant ?

IRMA, riant aux éclats. Ah ! ah ! ah !... elle est trop forte celle-là... Est-ce que vous vous êtes persuadé, par hasard !... Ah ! ah ! ah !

LÉOPARD. Dame !... c'est vous-même qui l'avez déclaré... devant témoins...

IRMA. Ah ben, non !... j'aime mieux autre chose !

LÉOPARD. J'ai besoin d'être aimé !...

IRMA. Pourquoi faire ?... Mais regardez-vous donc, mon cher... Faute de miroir, tenez, voilà un seau d'eau...

LÉOPARD, timidement. Je n'ose... j'ai entendu narrer l'histoire d'un nommé Narcisse... à qui il en a cuit de s'être trop miré... et admiré...

IRMA. Ah çà ! voyons... assez de plaisanterie comme ça...

LÉOPARD, piqué. Plaisanterie... quand je parle de mon amour... de mon physique... le mot est cru !...

IRMA. Cru ou cuit, il faut l'avaler... Laissons là votre amour, votre beauté... et tâchez de répondre sérieusement et catégoriquement à mes questions ?...

LÉOPARD. Ce n'est pas une femme, c'est un juge d'instruction.

IRMA. Pourquoi, comment et avec qui êtes-vous venu ici ?

LÉOPARD. Pourquoi ?... pour m'amuser... Comment ?... par le chemin de fer et à pied depuis la gare. Avec qui ?... avec madame Edmond, ces demoiselles, les ouvriers peintres et le père Borniche qui vont arriver par le premier train ?...

IRMA. Mais comment se fait-il qu'ils aient choisi justement Bougival pour le but de leur promenade ?

LÉOPARD, finement. Ah ! je vais vous dire... C'est moi qui leur ai donné l'idée de venir par ici.

IRMA. Vous ?...

LÉOPARD, de même. Oui... hier, quand j'ai porté le petit... (Soupirant.) not' petit, chez mademoiselle Pâquerette, je lui ai donné de la part du docteur l'adresse d'une nourrice à Bougival, et j'ai pensé... je suis malin sans que ça paraisse !...

IRMA, vivement. Est-ce que, par hasard, vous avez eu le malheur de parler de cet enfant chez madame Edmond ?

LÉOPARD. Oh ! non... je l'avais juré... (Tendrement.) et vous pouvez croire à mes serments !...

IRMA. Eh bien, j'en exige encore un de vous ?

* Léopard, Irma.

LÉOPARD. Tant que vous en voudrez, allez!

IRMA. C'est de retenir votre langue et de ne dire à personne que vous m'avez rencontrée.

LÉOPARD. Muet comme votre cœur... pour moi.

IRMA, qui a fait quelques pas pour sortir. A personne... vous m'entendez...

AIR : *Toutes les femmes sont à nous.*

IRMA.
Songez donc bien à m'obéir !

LÉOPARD.
Je jure de vous obéir.

IRMA.
Si vous voulez me fair' plaisir.

LÉOPARD.
Vous plaire est mon plus cher désir.

(Irma sort à droite.)

SCÈNE IV
LÉOPARD, puis GARNIER.

LÉOPARD, avec fatuité. Tra, la, la, la, la... Oh! je finirai par triompher... Les femmes c'est comme le cuir, c'est en les tannant qu'on parvient à les attendrir. Mais dans tout ça je n'ai pas encore trouvé cette madame Tissot chez qui je dois déposer... Si je rencontrais un naturel de l'endroit, il pourrait peut-être m'indiquer...

GARNIER, entrant de droite *. Tiens... c'est ce scélérat de Léopard !

LÉOPARD. Monsieur Garnier!... mais c'est le jour aux rencontres !...

GARNIER. Vous avez donc déjà trouvé des connaissances ?...

LÉOPARD, à part, se ravisant. Bigre !... j'allais jaser... bridons ma langue. (Haut.) Vous voilà donc par ici... Est-ce que vous saviez que nous devions venir ?

GARNIER. Oui... oui... je m'en suis douté !...

LÉOPARD. Madame Edmond sera enchantée, car elle regrettait de ne vous avoir pas vu pour vous inviter à être de la partie... C'est votre cœur qui vous a guidé... puisqu'il paraît que...

GARNIER, marchant sur lui. Ah çà ! dites donc, monsieur le trottin, si vous vouliez vous mêler de vos affaires?...

LÉOPARD, à part **. Fichtre! j'ai fait un impair!... ne nous mettons pas mal avec l'armée. (Bruit et cris au dehors. Léopard remontant.) Ah ! voilà toute la bande joyeuse qui arrive!... (Garnier s'esquive un moment au fond.)

SCÈNE V
LES MÊMES, MADAME EDMOND, BORNICHE, ANTONIN, JULIEN, POLYDOR, Ouvriers, AIMÉE, ZIZINE, VICTORINE, Ouvrières.

(Toutes les femmes sont coiffées en petits chapeaux de paille ronds, elles portent des bouquets énormes, Zizine tresse une couronne de bluets et de coquelicots, les hommes ont des toilettes d'été très-claires.)

CHŒUR.
POLYDOR.
Les habitants de Bougival,
CHŒUR.
Tire li pan pan, ça m'est bien égal,
POLYDOR.
Soit en amont, soit en aval,
CHŒUR.
Si ça n' fait pas d' bien, ça n' fait pas d' mal
POLYDOR.
Ont un bon caractère ;
Sur l'eau comme sur terre,
S'ils rencontrent un Parisien,   } (bis en chœur.)
Ils vous le plument très-bien !
ZIZINE.
Les demoisell's de Bougival,
CHŒUR.
Tire li pan pan, ça m'est bien égal,
ZIZINE.
Soit en amont, soit en aval,
CHŒUR.
Si ça n' fait pas d' bien, ça n' fait pas d' mal,
ZIZINE.
Dans le siècle où nous sommes,
N'aiment que les beaux hommes,
Quand ell's en trouv'nt un vilain,   } (bis en chœur.)
Ell's n' vont pas l' dire au voisin !
(On danse sur le refrain.)

GARNIER, se montrant ***. Madame, mesdemoiselles, messieurs, permettez-moi de vous présenter mes hommages?...

TOUS, excepté Léopard. Ah ! monsieur Garnier!

* Léopard, Garnier.
** Garnier, Léopard.
*** Gustave, Victorine, Polydor, Aimée, Léopard, Antonin, madame Edmond, Borniche, Garnier, Zizine, Julien.

MADAME EDMOND, gracieuse. Vous ici, monsieur Garnier, et par quel hasard?...

GARNIER. Je savais que vous deviez venir, belle inhumaine!...

MADAME EDMOND. Ah ! c'est très-galant!...

TOUS. Ah ! c'est très-galant!...

VICTORINE. Prenez exemple sur M. Garnier, Polydor ?

POLYDOR. De quoi !... Est-ce qu'on n'a pas aussi; à l'occasion, son petit ton régence!

MADAME EDMOND. C'est une aimable surprise pour nous.

GARNIER. Vous ne m'aviez pas parlé de cette partie de campagne... et si je n'avais appris... par hasard...

MADAME EDMOND. Mon Dieu! je n'en ai pas fait mystère, je voulais rendre à M. Antonin la politesse qu'il nous a faite l'autre jour à Nogent.

ANTONIN. Vous êtes trop bonne, madame Edmond, ça ne valait vraiment pas la peine...

MADAME EDMOND. Faites excuse... une politesse en vaut une autre !

ZIZINE. La patronne a raison... et puis ça nous fait deux festivals au lieu d'un.

LÉOPARD. Deux festivaux, vous voulez dire... un festival, des festivaux !

MADAME EDMOND. Mais je vois que je ne réussis guère à vous égayer... Vous êtes toujours triste, monsieur Antonin.

ANTONIN. Mais non, je vous assure... On ne peut pas toujours rire et chanter.

POLYDOR. Ça altère... Tiens, à propos de ça, je prendrais bien quelque chose... Léopard !... où sont donc les liquides?...

LÉOPARD. A rafraîchir...

JULIEN. Je ferais bien comme eux ! (Tous les jeunes gens remontent au fond, les femmes se débarrassent de leurs chapeaux et de leurs châles qu'on accroche aux arbres.)

MADAME EDMOND, à part, regardant Antonin qui s'éloigne. Il est gentil, ce garçon-là ; mais il est par trop bonnet de nuit... On ne peut le distraire de sa Pâquerette... Décidément, j'aime mieux le militaire!

GARNIER, à Borniche, assis à l'écart à la table *. Eh bien ! papa Borniche, voyons, comment gouvernons-nous l'existence?

BORNICHE. Je n'ai guère le cœur à m'amuser... je ne sais pas pourquoi diable je suis venu !

GARNIER. Bah ! bah !... vous vous forgez des idées... des chimères!...

BORNICHE, se levant. Des chimères!... Ah ! mon pauvre monsieur Garnier, moins que tout autre vous devriez dire cela...

GARNIER. Allons, il faut secouer ce chagrin-là, vous dégourdir.

MADAME EDMOND **. Monsieur Garnier dit vrai... quand vous vous désolerez, à quoi cela vous avancera-t-il?... Ce qui est fait est fait, n'est-ce pas?...C'est justement pour vous distraire de ces idées-là que j'ai tenu à vous amener avec nous...

BORNICHE. Je ne suis guère dans le cas de vous égayer.

MADAME EDMOND. C'est nous qui vous égayerons.

GARNIER. Nous vous ferons rire malgré vous.

BORNICHE ***. Au fait... vous avez peut-être raison...

GARNIER. Pardine... plutôt dix fois qu'une.

BORNICHE. Se faire du chagrin pour des mauvais sujets qui n'en valent pas la peine!

MADAME EDMOND, appuyant. Qui ne pensent seulement pas à vous!

BORNICHE. Il y a des moments où il me prend envie d'envoyer tout au diable et de me remarier, ne fût-ce que pour ne pas laisser mon bien à mes héritiers.

GARNIER. En v'là une idée, par exemple!... Le remède serait pire que le mal!

MADAME EDMOND, à part. Tiens... tiens... tiens, pas si mauvaise son idée... Si le militaire m'échappe... faudra que je voie de ce côté-là.

ZIZINE. Pardon, excuse, si je me permets de placer un mot dans la conversation... mais je tiens à vous dire que j'ai l'estomac dans mes bottines.

TOUS. Bravo... l'orateur!... (Chantant.)

L' déjeuner!... l' déjeuner!... l' déjeuner!...

MADAME EDMOND. Allons!... allons!... c'est bon!... un peu de patience... J'entre chez la mère Tissot voir si notre rôti de veau est prêt... Vous, commencez à mettre le couvert sur le gazon... (Elle entre chez madame Tissot.)

* Madame Edmond, Garnier, Borniche.
** Garnier, madame Edmond, Borniche.
*** Garnier, Borniche, madame Edmond.

SCÈNE VI

LES MÊMES, moins MADAME EDMOND.

LÉOPARD.

Air d'Offenbach.

Pour nous quelle heureuse chance
C'est un régal toujours nouveau,
Y a du veau, du veau, du veau!

TOUS.

Y a du veau, du veau, du veau!

LÉOPARD.

Je n'ai pas de préférence,
Tête, ruelle ou fricandeau
C'est du veau, du veau, du veau!

TOUS.

C'est du veau, du veau, du veau!

VICTORINE.

Allons vite que l'on dresse,
Le couvert avec adresse,
Assiettes, plat creux, plat rond,
Les feuilles en serviront!

LÉOPARD.

Plaçons tout sur l'herbe nouvelle,
Est-il une nappe plus belle,
Tâchons surtout de n' pas casser la vaisselle!

(Chacun se met en devoir de mettre le couvert au fond, sur un tertre de gazon.)

GARNIER [*], sortant de chez madame Tissot avec une bouteille et trois verres. Voyons, papa Borniche, fumons une vieille pipe et prenons une goutte d'absinthe en attendant...

BORNICHE. Volontiers... ça m'étourdira peut-être!

GARNIER. Monsieur Antonin, vous allez faire comme nous, pas vrai?

ANTONIN. Je le veux bien...

GARNIER. A la bonne heure... noyons ce chagrin-là, sapristi!... (Ils se placent à la petite table, près de la maison de Lolotte.)

AIMÉE, fouillant dans le panier qui est près du banc à gauche. Ah! le pâté est en miettes!...

POLYDOR. Heureusement les morceaux en sont bons! (Il prend le pâté.)

ZIZINE. Oh! mesdemoiselles, le bocal aux cornichons qui fuit... (Elle le donne à Julien.)

LÉOPARD. Ah! oui, je sais ce que c'est, je l'ai laissé tomber en apercevant...

ZIZINE. Qui?

LÉOPARD, à part. Bigre!... j'allais encore jaser... rebridons ma langue!

ZIZINE. Eh bien, répondrez-vous?

LÉOPARD. En apercevant M. Garnier.

ZIZINE. Eh bien, où est donc le saucisson?... Léopard, le saucisson?...

LÉOPARD. Il doit être là... cherchez dans le tas!

VICTORINE. Mais non, il n'y est pas...

POLYDOR. Il l'a mangé.

JULIEN. Il ne dînera pas, alors.

LÉOPARD. Pas de plaisanteries avec les choses sérieuses, s'il vous plaît!

ZIZINE, voyant le saucisson dans la poche de Léopard. Ah! le voilà... il le cachait, le goinfre!... Ah! vous vouliez le garder pour vous!... (Elle le frappe à coups de saucisson ; les autres femmes le frappent à coups de pommes.)

LÉOPARD, se débattant [**]. Voyons donc!... voyons donc à la fin... Je ne sais pas qui est-ce qui l'a fourré là...

ZIZINE, le montrant. Un magnifique saucisson de Lyon... Ah! ben, merci, il n'aurait plus manqué que cela.

LÉOPARD. Mon Dieu! gardez-le tout entier pour vous, votre saucisson... si vous croyez que j'y tiens!... Ah! Zizine, vous m'avez fait de la peine!...

POLYDOR. Là, tout est en place... Léopard, va chercher le vin?

AIMÉE, tenant une assiette. Léopard, vous avez goûté au fromage à la crème?

LÉOPARD. Mais non!... sont-ils assommants!

JULIEN et POLYDOR. Allons, sommelier, à la cave! (On le bouscule.)

LÉOPARD. On y va... on y va!... Boum!... (Il entre en courant chez madame Tissot, et heurte madame Edmond qui arrive portant le veau.)

[*] Garnier, Borniche, Zizine, madame Edmond.
[**] Aimée, Zizine, Victorine, Léopard, Polydor, Julien, Garnier, Antonin, Borniche.

SCÈNE VII

LES MÊMES, MADAME EDMOND.

MADAME EDMOND. Mais prenez donc garde, imbécile!

LÉOPARD, sentant le veau. Oh!... il embaume!... attendez-moi... ne m'ngez pas tout sans moi...

ZIZINE, prenant le rôti des mains de madame Edmond et le plaçant. Là, tout est prêt... quand on voudra commencer?...

POLYDOR [*]. Commencer!... sans vin?... Vous voulez donc nous faire étouffer!...

Air : Mon sabot.

I

Pendant que l' vin s' maquille
Et que l' veau refroidit,
Je propose un quadrille
Pour ouvrir l'appétit,
Zizin', balançons, ma fille,   (Bis.)
Si le cœur vous en dit.

ZIZINE.

Non, je ne peux pas danser,
Ma Lottine me bless' la cheville,
Non, je ne peux pas danser,
Ma bottin' m' chatouill' le pied !

II

GARNIER.

Si la danss' vous embête;
Au lieu de ballader,
Ici, d'un' chansonnette,
Il faut nous régaler ;
Allons, commencez, fillette,
A vous d' roucouler !

MADAME EDMOND.

Non, je ne peux pas chanter, etc., etc.

LÉOPARD, entrant avec le vin. Voilà les liquides.

III

Mettons-nous donc à table,
Cet exercice-là,
N'a rien d' désagréable,
Peut-être qu'il vous plaira!

AIMÉE.

On n' peut pas êtr' plus aimable,
Pour le coup, ça m' va.
Ça n' m'empêch'ra pas d' manger,
Qu' ma bottine me bless' la cheville,
Ça n' m'empêch'ra pas d' manger,
Qu' ma bottin' m' chatouill' le pied.

(A chaque couplet, le refrain se reprend en chœur et l'on danse, on va pour remonter et se mettre à table.)

Maintenant attaquons le veau!

MADAME EDMOND [****]. Ecoutez donc, mesdemoiselles? (Elle les réunit autour d'elle.)

TOUTES. Qu'est-ce qu'il y a donc, madame?

MADAME EDMOND. Eh bien! je viens d'en apprendre de belles par la mère Tissot!

TOUTES. Quoi donc ?

MADAME EDMOND. Ce matin on a amené un enfant chez sa voisine, madame Lolotte... la nourrice...

ZIZINE. Eh bien, un enfant chez une nourrice, il n'y a rien de bien extraordinaire.

MADAME EDMOND. Oui... mais d'après le portrait qu'elle m'a fait de la personne auteur du bébé, savez-vous qui a apporté cet enfant?...

TOUTES. Non... (Les hommes se sont rapprochés.)

MADAME EDMOND. Mademoiselle Pâquerette!

TOUS. Pâquerette!... un enfant!...

BORNICHE, se levant [*****]. Hein!... qui ça!... que parlez-vous d'enfant?...

GARNIER, à part. Satanée bavarde! (Retenant Borniche.) Voyons, père... calmez-vous!...

BORNICHE. Vous le voyez, mon pauvre garçon, un scandale!... Sa honte est publique, quand j'espérais pouvoir la cacher... étouffer mon chagrin... Oh! mon Dieu!...

GARNIER, bas. Antonin, suivez le père Borniche, allez m'attendre... au café... sur la place... j'irai bientôt vous y rejoindre... j'ai des choses importantes à vous dire...

[*] Antonin, Aimée, Polydor, Zizine, madame Edmond, Garnier, Victorine, Julien, Borniche.
[**] Antonin, Aimée, Polydor, Zizine, Garnier, madame Edmond, Victorine, Julien, Borniche.
[***] Antonin, Aimée, Léopard, Polydor, Zizine, Garnier, madame Edmond, Victorine, Julien, Borniche.
[****] Aimée, Victorine, madame Edmond, Zizine, Garnier, Antonin, Borniche.
[*****] Aimée, Victorine, Zizine, madame Edmond, Borniche, Antonin, Garnier.

(A part.) Ah! ma foi, tant pis! je parlerai... (Antonin suit Borniche. — Musique de sortie. — Tout le monde est consterné et chuchote à voix basse.)

SCÈNE V III
LES MÊMES, moins BORNICHE et ANTONIN.

GARNIER [*]. Ah çà! qu'est-ce que ça veut dire?... vous voilà tous avec des figures à trois quarts et demi de perte...

TOUS. Dam!...

GARNIER. Qui est-ce qui vous a raconté toutes ces bêtises-là?

MADAME EDMOND, piquée. Des bêtises!...

GARNIER. Oui, des bêtises!... Est-ce que vous écoutez madame Edmond... Vous ne voyez donc pas qu'elle plaisante!

MADAME EDMOND. Je plaisante!...

GARNIER. Certainement... sans cela ce serait tout bonnement une méchanceté... une calomnie!...

LÉOPARD. C'est un fait... et je sais bien, moi...

GARNIER, très-brusque. Fais-moi le plaisir de te taire et de te mêler de ce qui te regarde...

LÉOPARD. Rebridons ma langue...

MADAME EDMOND. Une méchanceté, le mot est dur... une calomnie... vous devez savoir pourtant monsieur Garnier, ce dont je veux parler; on dit que c'est vous qui portiez le bébé...

TOUS, riant. Ah! ah! ah!

GARNIER, sévèrement. Qui est-ce qui vous fait rire? (Tous se taisent.)

LÉOPARD. Ils vont se faire une mauvaise affaire, c'est sûr!

GARNIER. Eh bien! quand cela serait... quand j'aurais porté le bébé, comme vous dites; cela vous dit-il à qui il appartient, ce bébé?

MADAME EDMOND. C'est peut-être à vous?...

GARNIER. Qu'est-ce que ça vous fait?

MADAME EDMOND, à part. Le brutal!

LÉOPARD, aux hommes. Il n'est pas commode!

GARNIER. Etait-ce une raison pour tenir un pareil propos devant ce pauvre vieux?...

MADAME EDMOND. Justement... je l'ai fait exprès pour lui dessiller les yeux.

GARNIER. Et si ça lui plaisait de rester aveugle?

LÉOPARD. C'est vrai... tous les goûts sont dans la nature...

GARNIER, à Léopard. Qui est-ce qui te parle, à toi?

MADAME EDMOND. Vous aurez beau dire, je m'applaudis tous les jours d'avoir mis à la porte cette péronnelle-là.

GARNIER, furieux. Madame Edmond!

AIR : *Au temps heureux*

Tous vos propos sont de la calomnie!
On sait trop bien ce qui vous fait parler;
D'une honteuse et sotte jalousie,
C'est le venin qui vient se distiller.
Au fond soit la vieillesse implacable,
Qui se consume en regrets superflus,
Et lâchement se montre inexorable
Pour des amours qu'elle n'inspire plus!

MADAME EDMOND. Ah! l'horreur d'homme!... il doit battre les femmes!... je n'en veux plus!...

GARNIER, changeant subitement de ton. Ah! ah!... Sommes-nous bêtes de nous faire tant de bile pour si peu de chose...

LÉOPARD. C'est vrai que nous sommes bien bêtes...

GARNIER. Trop honnête pour vous démentir!

LÉOPARD. Le voilà revenu de bonne humeur.

GARNIER. Voyons, assez de morale comme ça, on est venu pour s'amuser... amusons-nous. (Sévèrement.) Madame Edmond, j'entends qu'on s'amuse!

MADAME EDMOND, aigre-douce. On s'amusera.

TOUS. Il a raison... à table!... (On se place.)

LÉOPARD, s'asseyant [**]. Ah! je vas un peu m'en donner... Allons bon! voilà la pluie!

ZIZINE. Parbleu!... vous venez de chanter tout à l'heure.

LÉOPARD. Vous êtes encore aimable, vous, mademoiselle Zizine!

VICTORINE. Ah! ah!... ça me coule dans le dos...

GARNIER. Attendez... je vais vous abriter... Aidez-moi donc, paresseux... Allons, Léopard...

LÉOPARD, la bouche pleine. Laissez-moi donc manger!... (On étend sur les branches, des châles, des serviettes.)

[*] Aimée, Zizine, Victorine, madame Edmond, Garnier, Léopard, Polydor, Gustave, Julien.
[**] Aimée, madame Edmond, Garnier, Léopard.

ZIZINE. Tiens, c'est gentil, c'est comme sous une tente... on sera très-bien...

VICTORINE. Oh! ça ne durera pas... ce n'est qu'un nuage! (L'orage commence.)

MADAME EDMOND. Oh! voilà que ça se gâte... je crois qu'il serait prudent de rentrer... (Tonnerre.) Ah! j'ai une peur affreuse de l'orage! (Elle se jette dans les bras de Garnier.)

GARNIER. Vous êtes si timide! (La pluie redouble, le vent enlève les châles, les serviettes.)

LES FEMMES. Oh! là, là... je suis inondée!

LES HOMMES. A boire!... Léopard, passe-moi le pâté!

LÉOPARD. Mon veau est à la nage...

MADAME EDMOND. Emportons tout dans la maison...

GARNIER. Moi, j'emporte les femmes! (Il en prend deux dans ses bras.)

MADAME EDMOND. Bon, la porte est fermée, madame Tissot est sortie!

ZIZINE. Léopard, laissez-moi donc passer!

LÉOPARD. Ne poussez donc pas.

JULIEN. Mais range-toi donc, animal! (Il lui donne une poussée, Léopard tombe en avant le nez dans le fromage à la crème.)

TOUS. Sauve qui peut! (Ils courent dans tous les sens.)

SCÈNE IX
LES MÊMES, MAXIME.

MAXIME, un parapluie ouvert à la main, traverse la scène. Mais Dieu me pardonne, ce sont nos jeunes blanchisseuses!...

LÉOPARD, le prenant sous le bras et se réfugiant sous le parapluie de Maxime. Elles-mêmes, cher monsieur!...

MAXIME, le repoussant. Voulez-vous bien me laisser... dans quel état, bon Dieu!... Venez!... venez vite, toutes chez moi, à deux pas d'ici, je vous offre l'hospitalité... Irma nous attend.

TOUS. Allons! (Zizine et Victorine se placent sous le parapluie de Maxime. Aimée sort garantie par Julien qui place un châle au-dessus d'elle. Madame Edmond a mis un paletot d'homme sur sa tête. Garnier garantit deux femmes alternativement avec une ombrelle. Léopard met un plat sur sa tête.)

CHŒUR.

Sauvons-nous (*Bis.*)
L'orage sur nous,
Et s'avance et gagne,
Sauvons-nous (*Bis.*)
Que de la campagne,
Les plaisirs sont doux!

(Au moment de la fuite générale, le rideau baisse.)

ACTE CINQUIÈME

La maison de campagne d'Irma, à Bougival. La maison à gauche; un pavillon à droite. Un mur et une grille au fond.

SCÈNE PREMIÈRE
GARNIER, PAQUERETTE [*].

GARNIER, entrant de gauche suivant Pâquerette. Voyons, Pâquerette, écoutez-moi... soyez raisonnable; vous ne pouvez pas partir ainsi, seule... Où irez-vous?

PAQUERETTE. Je ne sais pas; mais je ne veux pas rester un moment de plus ici.

GARNIER. Qu'est-ce que cela changera, je vous le demande, à votre situation?... réfléchissez.

PAQUERETTE. Je n'ai pas à réfléchir... je vous dis que je veux m'en aller... Ah! mon Dieu! quelle fatalité que ce M. Maxime ait eu l'idée de les amener tous ici... Oh! oui... laissez-moi : décidément il faut que je parte!

GARNIER. Eh bien, non!... vous ne partirez pas... je vais me fâcher à la fin... Il n'y a plus à reculer; il faut en finir, il faut parler!

PAQUERETTE. Oh! non, jamais!

GARNIER. Mais, malheureuse enfant, c'est de la folie!... Où cela vous mènera-t-il?... Pourquoi vous obstiner à garder le silence?

PAQUERETTE. J'ai fait serment que mon pauvre oncle ne saurait jamais la vérité, et je le tiendrai.

GARNIER. Mais songez donc que c'est vous compromettre, vous perdre inutilement. — Le dévoûment est une belle chose, je ne dis pas, mais, poussé à ce point-là, il est ridicule, dangereux!

PAQUERETTE [**]. Dangereux?... pour moi, ça m'est égal.

[*] Garnier, Pâquerette.
[**] Pâquerette, Garnier.

GARNIER. On répète déjà partout que cet enfant est à vous.

PAQUERETTE. A moi?

GARNIER. Tiens!... on se gêne!

PAQUERETTE. Allons donc, c'est impossible!

GARNIER. Mais ça tombe sous le sens; c'est la première pensée qui vient à tout le monde.

PAQUERETTE. Vous croyez?

GARNIER. Il faut que vous soyez aussi... innocente que vous l'êtes, pour ne pas comprendre cela.

PAQUERETTE. Eh bien, tant pis !... On pensera ce qu'on voudra, mais je ne serai jamais cause que mon oncle en arrive à maudire ceux dont le souvenir lui est si cher.

GARNIER. Eh bien! je vous préviens. moi, que je ne souffrirai pas cela... Ah !... c'est que je suis entêté aussi quand je m'y mets...

PAQUERETTE. Et moi donc...

GARNIER. Mais je vous avertis que je vais en arriver aux explications... Du reste, j'ai là une lettre qui m'est arrivée ce matin et qu'Antonin m'a apportée à Paris... et grâce à elle...

PAQUERETTE. Non, monsieur Garnier, je vous en supplie!

GARNIER. Allons, pas d'enfantillage et vous verrez que vous me remercierez... (Avec amitié.) Allons, ma bonne Pâquerette, du courage... Ah!...il vous en faudra... mais vous en aurez, j'y compte!

PAQUERETTE, effrayée. Ah! mon Dieu!... voilà que vous m'effrayez!... Expliquez-vous donc...

GARNIER. Non... plus tard... bientôt...

UN DOMESTIQUE, en dehors, dans la maison. Oui, madame, soyez tranquille; je m'occupe de tout le monde.

PAQUERETTE. Quelqu'un !...Si j'allais me trouver en face de mon oncle... subir encore ses reproches!... Oh! je ne pourrais pas!...

GARNIER. Eh bien, entrez là, un moment, dans la maison du jardinier; sa femme est seule justement; j'irai vous chercher quand il le faudra.

PAQUERETTE. Oui... mais vous me direz...

GARNIER. Tout, lorsqu'il en sera temps... Allez, allez... Quelqu'un vient... (Pâquerette sort par la droite, au-dessus du pavillon.)

SCÈNE II
GARNIER, puis LE DOMESTIQUE *.

GARNIER. Pauvre enfant! la nouvelle de la mort de son frère, mon pauvre Gustave, va la frapper d'un nouveau coup! Mais qu'y faire?... il est de terribles événements auxquels il faut bien se soumettre... Ah!... c'est égal... fichu moment à passer!... (Au domestique qui entre portant des effets.) Eh bien! tous nos gaillards sont en train de sécher?... Ils réparent tant bien que mal les suites de l'averse qu'ils ont reçue?...

LE DOMESTIQUE. Oui, monsieur... ça commence à s'éponger.

GARNIER. Et où sont-ils?

LE DOMESTIQUE. Dame!... on en a fourré un peu partout... A la guerre comme à la guerre... vous devez connaître ça, vous ?

GARNIER. Bien dit!

LE DOMESTIQUE. Il y en a deux dans ce pavillon; un jeune cadet assez laid, et une dame assez mûre.

GARNIER. Dans ce pavillon?... ensemble tous deux ?

LE DOMESTIQUE. Oh! il y a deux pièces.

GARNIER. Ah!... du moment qu'il y a deux pièces... côté des hommes et côté des dames, comme... aux bains Vigier.

LE DOMESTIQUE. Tenez, je leur porte, de la part de madame, de quoi se changer... on a pris tout ce qui est tombé sous la main.

GARNIER. Va, mon garçon... (Le domestique entre dans le pavillon.) Mais, Dieu me pardonne, au portrait que m'en a fait ce domestique, ces deux inondés doivent être Léopard et madame Edmond... Voyons donc, voyons donc.

MADAME EDMOND, en dehors. Ah!... on n'entre pas... on n'entre pas!...

LE DOMESTIQUE, en dehors. Bien, madame, bien... je n'y tiens pas... je laisse les effets à votre porte.

MADAME EDMOND, en dehors. C'est bon, je vais les prendre; allez-vous-en!

LE DOMESTIQUE, en dehors. Vous aurez la bonté de faire passer ceux de ce monsieur... grêlé... qui est dans la petite chambre du fond.

MADAME EDMOND, de même. Mais je ne sais pas s'il est convenable...

* Le domestique, Garnier.

LÉOPARD, en dehors, plus loin. N'ayez pas peur, madame Edmond, je tends le bras... je ne regarde pas... Et puis d'ailleurs, je suis en caleçon.

GARNIER. Je ne m'étais pas trompé; ce sont eux.

LE DOMESTIQUE, sortant du pavillon. En v'là de drôles de paroissiens !... (Il disparaît et rentre dans la maison à gauche.)

GARNIER, fermant la porte du pavillon à double tour. Coffrés, mes amours... nous verrons plus tard l'effet de la bille.

SCÈNE III
GARNIER, BORNICHE, ANTONIN *.

BORNICHE, venant du premier plan à gauche. Si vous m'en croyez, mon cher monsieur Antonin, nous partirons; nous n'avons rien à faire ici... je ne sais pourquoi M. Garnier nous y a amenés.

ANTONIN. Je l'ignore.

BORNICHE. Nous étions aussi bien au café pour attendre l'heure du départ.

ANTONIN. Vous avez raison, partons!

GARNIER, s'avançant. Non... vous ne partirez pas!...

BORNICHE. Ah! c'est vous?...

GARNIER, très-calme. En personne... Si je vous ai amenés ici, c'est que j'avais mes raisons pour cela.

BORNICHE, bourru. Vos raisons... vos raisons...

GARNIER. Oui, j'ai à vous parler...

BORNICHE. Eh bien, voyons, faites vite, je vous écoute.

GARNIER. Non pas... nous ne sommes pas au complet.

ANTONIN. Que voulez-vous dire?

GARNIER **. Je veux dire ce que je dis.

BORNICHE. Ah ça, en voilà assez!... Laissez-moi... vous n'avez plus rien à m'apprendre...

GARNIER. Peut-être... qui sait?...

BORNICHE. Je suis bien décidé à ne plus entendre parler de ma nièce, à ne plus la revoir.

GARNIER. Vous la verrez pourtant !

BORNICHE. Ah! c'est un peu fort!

GARNIER. C'est possible, mais c'est comme ça.

SCÈNE IV
LES MÊMES, IRMA ***.

GARNIER, à Irma qui vient de la maison. Venez, madame, venez m'aider à retenir ce vieil entêté de père Borniche.

BORNICHE, en colère. Monsieur Garnier !

GARNIER. Ah! ah! voilà comme nous sommes... on vous tient, on ne vous lâche pas... (Bas à Irma.) Allez chercher la petite qui est là, chez le jardinier. (Irma sort et rentre aussitôt avec Pâquerette.)

BORNICHE ****. Pour la dernière fois, monsieur Garnier, je vous répète que rien ne me fera revenir sur ma décision... Je ne veux plus entendre parler de mademoiselle Pâquerette. (Mouvement de Pâquerette qu'Irma amène malgré elle.)

GARNIER. Vous l'avez déjà dit... vous vous répétez.

BORNICHE. Si je la revoyais, ce ne serait que pour la maud...

GARNIER, poussant Pâquerette devant Borniche. Eh bien !... essayez donc ***** ?...

SCÈNE V
LES MÊMES, PAQUERETTE.

PAQUERETTE. Mon oncle !

BORNICHE, furieux. Ah! je vois ce que c'est... je comprends pourquoi on m'a amené ici : C'était un piége qu'on me tendait, on espérait me forcer à pardonner... mais jamais, vous dis-je... jamais!

GARNIER, brusquement ******. Ah çà! un instant... Maintenant c'est à moi de prendre la parole : Au lieu de la maudire... commencez d'abord par embrasser cette enfant-là... et plus vite que ça.

BORNICHE. Jamais!

GARNIER. Jamais ?... c'est ce que nous allons voir... Il est temps que je parle comme j'ai le droit de le faire ici... J'ai un devoir à remplir, et je le remplirai. (A part.) Abordons la question militairement; quand on a une mauvaise nouvelle à annoncer aux gens, il n'est pas mauvais de les rudoyer d'abord, ça fouette le sang, et le coup paraît moins dur... (Haut.) Je suis venu vers vous de la part de votre neveu, son frère.

* Antonin, Borniche, Garnier.
** Antonin, Garnier, Borniche.
*** Antonin, Irma, Garnier, Borniche.
**** Antonin, Borniche, Garnier.
***** Antonin, Borniche, Pâquerette, Garnier, Irma.
****** Antonin, Borniche, Garnier, Pâquerette, Irma.

BORNICHE. Mon pauvre Gustave, s'il était là !...

GARNIER, toujours brusque. Vous ne le reverrez plus...

PAQUERETTE. Que dites-vous ?

BORNICHE. Mort !...

GARNIER. Oui, mort... Le voilà bien à plaindre !... mort sous les drapeaux, en face de l'ennemi... Tout le monde n'a pas cette chance-là.

PAQUERETTE. Mon pauvre frère !... (Elle pleure, Irma la soutient.)

BORNICHE. Mon pauvre neveu ! (Il pleure soutenu par Antonin.)

ANTONIN. Allons, du courage, monsieur Borniche.

GARNIER, à part. V'lan... Le coup est porté... il a été rude... Les voilà déjà d'accord dans leur douleur... ils le seront bientôt tout à fait !

BORNICHE. Mais comment avez-vous su ?...

GARNIER. Une lettre arrivée ce matin, par le ministère de la guerre... cette lettre en renfermait une autre à votre adresse... monsieur Borniche.

BORNICHE, surpris. A mon adresse ?...

GARNIER. La voici... J'en connais le contenu... mon ami, mon frère d'armes m'y avait autorisé... Je vous adjure, en son nom, de la lire ici, à haute voix, en présence de votre nièce...

BORNICHE. Mais pourquoi ?

GARNIER. C'est la dernière volonté d'un mourant.

BORNICHE, très-ému, les yeux fixés sur Garnier, déplie lentement la lettre, jette un regard sur Pâquerette palpitante d'émotion, et lit. Musique pendant cette lecture.

« Mon cher oncle, .

Permettez-moi de vous donner ce nom... mon vénéré père. Blessé mortellement, je veux, avant de mourir, implorer de vous le pardon d'une faute qui a été le remords de toute ma vie... Entraîné par un fatal amour pour ma pauvre Marie, votre fille bien-aimée, je l'ai forcée à oublier ses devoirs, et j'ai eu la lâcheté de l'abandonner au moment où elle allait être mère. Mais Dieu a permis qu'un de ses anges se dévouât à notre enfant... Cet ange, ai-je besoin de vous le dire, c'est ma sœur, ma pauvre Pâquerette, qui a fait à Marie expirante le serment de se laisser accuser, de se perdre, plutôt que de vous laisser soupçonner même la faute de votre fille et de votre neveu.

GUSTAVE. »

(Moment de silence.) Ils sont morts tous deux... Dieu leur a pardonné, sans doute... dois-je être moins indulgent que lui ?... Et toi, ma pauvre Pâquerette, toi que je soupçonnais... me pardonneras-tu ?...

PAQUERETTE. Ah ! mon oncle !

GARNIER. Je vous disais bien que vous l'embrasseriez !... (Il essuie une larme.)

BORNICHE, à Irma. Ainsi, madame, quand vous preniez si chaudement sa défense, c'est que vous saviez ?...

IRMA. Je savais tout... j'étais l'amie de la pauvre Marie.

PAQUERETTE. Cette bonne Irma m'est bien souvent venue en aide dans ma tâche difficile.

IRMA. Dame ! j'étais bien aise de participer à ta bonne action...

BORNICHE. Ah! merci, merci, madame.

IRMA. Eh bien, vous le voyez... on dit souvent bien du mal des femmes... pourtant nous avons quelquefois du bon.

SCÈNE VI

TOUS LES PERSONNAGES, excepté MADAME EDMOND et LÉOPARD.

Tous sont bizarrement affublés, les femmes avec des vêtements d'hommes, les hommes avec des vêtements de femmes, des tricots de laine, etc.

CHŒUR.

AIR : *du docteur Isambart.*

Notre voyage d'agrément,
LES AUTRES, riant.
Ah ! ah ! ah ! ah ! ah ! ah !
Quel accoutrement!
LES INVITÉS.
Se termin' par un dénoûment.
LES AUTRES.
Ah ! ah ! ah ! ah ! ah ! ah !
C'est vraiment charmant!
LES INVITÉS.
Orné d'un costume nouveau,
Ah! qu'il est beau ! (ter.)

* Antonin, Pâquerette, Borniche, Irma, Garnier.

** Gustave, Aimée, Polydor, Victorine, Julien, Zizine.

Et d'un bon rhume de cerveau
Ah! ah! ah! atchi!

(Tous éternuent. Pâquerette, Borniche et Antonin forment un groupe et causent à voix basse.)

ZIZINE, les voyant. Tiens !... on est d'accord donc ?... L'affaire est arrangée, tout le monde s'embrasse...

GARNIER, embrassant Irma. Eh bien ! faisons comme tout le monde....

MAXIME. Encore quelqu'un qui vous embrasse.

IRMA. Ah ! c'est sans conséquence, un ancien ami.

MAXIME. Il me semble que vous en avez beaucoup d'amis, chère belle.

IRMA. Eh bien ! cela doit vous flatter.

PAQUERETTE. Mon bon Antonin... n'avais-je pas raison de vous dire : Ne craignez rien... ne croyez rien... Voulez-vous toujours de moi pour votre femme ?

ANTONIN. Vous le demandez ?

PAQUERETTE. Par exemple, je dois vous prévenir que je vous apporte une avance sur l'avenir... un joli bébé qui vous appellera papa...

ANTONIN. C'est entendu... nous l'adoptons... en attendant les autres.

PAQUERETTE, souriant. Mais c'est la seule dot que je vous apporte ; toutes mes économies y ont passé.

ANTONIN. Vous ne savez pas ?... les mille francs qui vous ont fait tant de chagrin, eh bien, ce sera... pour la noce.

BORNICHE. Pas du tout, ça me regarde... Quant à la dot... je m'en charge... tout ce que j'ai est pour toi... et pour mon petit-fils.

ZIZINE. Ah çà ! mais où a donc passé madame Edmond ?

GARNIER. Et M. Léopard ?... absents tous deux... c'est louche !

TOUS. En effet, c'est assez drôle ! (On entend frapper à la porte du pavillon.)

LÉOPARD, criant dehors. Pas de farce... voyons... ouvrez donc... Qui est-ce qui nous a enfermés ? (Garnier va ouvrir.)

SCÈNE VII

LES MÊMES, LÉOPARD, MADAME EDMOND **.

Léopard a un pardessus de femme, madame Edmond une robe de chambre d'homme.

TOUS, les voyant sortir. Enfermés !... (On rit.)

MADAME EDMOND. Comment ?... on pourrait croire...

GARNIER. Oh! oh! diable! c'est compromettant !... Enfermée avec ce séducteur de Léopard !

TOUS. Oh ! très-compromettant !

LÉOPARD. Mais j'étais dans le cabinet du fond... où il fait très-noir, par parenthèse.

GARNIER, s'approchant de lui. Qu'est-ce que vous avez donc là qui passe ?

LÉOPARD. Mais rien... ce me semble...

GARNIER. Un lacet... (Il le tire et finit par extraire un corset du dos de Léopard.) Qu'est-ce que c'est que cela ?

MADAME EDMOND le prenant. Mon corset !...

TOUS. Son corset !...

LÉOPARD. Comment se trouve-t-il là ?

GARNIER. Oui, comment se trouve-t-il là ?

LÉOPARD. Je disais aussi... qu'est-ce qui me gêne dans le dos ?...

MADAME EDMOND, embarrassée. Je ne puis expliquer cela que d'une seule manière... il sera resté dans ce pardessus que j'avais essayé et qui m'était beaucoup trop étroit.

LÉOPARD, à part. C'est vrai... c'est qu'elle est très-potelée !

MADAME EDMOND. N'importe... il est toujours fort désagréable... devant tout le monde...

GARNIER. Mais vous n'avez pas besoin de justification, madame Edmond ; monsieur est prêt à réparer...

MADAME EDMOND, hautaine. Mais il n'y a rien à réparer, monsieur.

GARNIER. C'est égal !... le monde est si méchant... il ne juge que sur les apparences... et elles sont contre vous... Allons, monsieur Léopard, au nom de la morale, il faut vous résigner !

LÉOPARD, soupirant. Résignons-nous !...

MADAME EDMOND, passant près de Léopard. Vous êtes encore poli, vous !...

MAXIME. Eh bien, cher monsieur, vous voilà enfin casé.

LÉOPARD. Oh ! vous, il y a longtemps que vous l'êtes... casé !

* Gustave, Aimée, Antonin, Pâquerette, Borniche, Irma, Garnier, Maxime, Zizine, Julien.

** Gustave, Aimée, Polydor, Victorine, Antonin, Pâquerette, Borniche, Irma, madame Edmond, Garnier, Léopard, Maxime, Zizine, Julien.

GARNIER. Eh bien, madame Edmond, tout est expliqué, arrangé ; Pâquerette épouse Antonin.

MADAME EDMOND. Pas possible !

ANTONIN. Et j'adopte l'enfant...

MADAME EDMOND. Hein * ? Ah ! par exemple, il est d'une bonne pâte !... Décidément, c'est un imbécile, ce garçon-là... j'aime encore mieux ce godiche de Léopard !

LE DOMESTIQUE; entrant. Madame est servie !

IRMA. Allons nous mettre à table... Messieurs, mesdames, c'est M. Maxime de Nantes qui vous invite. (Bas.) Dites que je ne suis pas convenable en société !...

MAXIME. Ah ! chère amie, vous me confusionnez !...

IRMA. Cette fois dînons gaîment, sans crainte de l'orage.

PAQUERETTE. L'orage ! il est tout à fait passé !

* Gustave, Aimée, Polydor, Victorine, Antonin, Pâquerette, Borniche, Irma, Maxime, Garnier, madame Edmond, Léopard, Zizine, Julien.

ANTONIN, couplet au public.

AIR *de la ronde.*

Les blanchisseuses de fin,
Que vous venez d' voir à l'ouvrage,
S'raient bien heureuses, je gage,
D'avoir de vous un p'tit coup d' main,
Vous en êtes les témoins,
Ell's ont mis tout leur savoir-faire
Afin d' vous satisfaire,
A force de zèle et de soins,

PAQUERETTE.

Soyez indulgents,
Montrez-vous contents,
Donnez-leur votre pratique,
Leur plus cher désir,
Et leur but unique,
Est de vous bien servir.
Oui, messieurs, votre affection,
Vous l' savez, nous est chère,
Pas de mauvaise intention,
Et juge trop sévère,
N' compromettez pas le destin (*bis.*)
Des blanchisseuses de fin.

FIN

IMPRIMERIE L. TOINON ET Cⁱᵉ, A SAINT-GERMAIN.